Hermann Wendel

August Bebel

Ein Lebensbild für deutsche Arbeiter

unikum

Hermann Wendel

August Bebel

Ein Lebensbild für deutsche Arbeiter

ISBN/EAN: 9783845745657

Erscheinungsjahr: 2012

Erscheinungsort: Bremen, Deutschland

www.unikum-verlag.de | office@unikum-verlag.de

Hermann Wendel

August Bebel

Ein Lebensbild für deutsche Arbeiter

unikum

August Bebel

Ein Lebensbild für deutsche Arbeiter

von Hermann Wendel

Sein Herz hat ausgeschlagen?
Niemals, du enges Wort!
Es schlägt in allen Tagen
Laut in den Massen fort.

…z Diederich

Berlin 1913
Verlag: Buchhandlung Vorwärts Paul Singer G. m. b. H.
(Hans Weber, Berlin)

Inhaltsverzeichnis.

		Seite
	Vorwort	3
I.	Kindheit, Lehr- und Wanderjahre	5
II.	Vom Leipziger Bildungsverein zum Eisenacher Kongreß	17
III.	Der Hochverräter	36
IV.	David und Goliath	54
V.	Bis zur Jahrhundertwende	72
VI.	Die Jahre der Erfüllung	87

Vorwort.

„Nur in tiefster Ehrfurcht", schrieb bei der Nachricht von August Bebels Tod die Wiener Arbeiterzeitung, „wird sich der Geschichtsschreiber dieser einzigen Persönlichkeit nahen, in der Fähigkeit und Wollen in so reiner Harmonie verknüpft waren, in der, wie in einem höchsten Ausdruck, zusammengeflossen ist, was an sittlicher Leidenschaft, an persönlicher Begabung, an zielbewußter Kraft in der deutschen Arbeiterklasse lebt und webt. Und wie die Fülle dieses Lebens schildern, das fünfzig Jahre Arbeitergeschichte und Geschichte der deutschen Welt umfaßt, das im Mittelpunkt geschichtlichen Geschehens stand, dessen Frucht in den Gehirnen von Millionen lebendig ist und von Geschlecht zu Geschlecht weitergetragen wird! Wie diesen edlen Menschen nachzeichnen, dessen proletarische Schlichtheit, dessen Ueberzeugungstreue und Kampffreudigkeit uns alle erhoben haben, wie das Bild dieses kristallklaren, lauteren Charakters in Worte bannen! Dieses Lebens unübersehbarer Reichtum und dieser Begabungen und Wirksamkeiten wundersame Fülle können in Worten nicht erschöpft werden."

Dieser Sätze bedurfte es nicht, um mir die ganze Vermessenheit der Aufgabe klarzumachen, in wenigen Tagen ein so großes und so reiches Leben auf wenige Seiten zusammenzupressen. Was dabei herauskam, kann und soll denn auch nicht mehr sein als eine flüchtige Skizze, bestimmt, den deutschen Arbeitern die Umrisse des teuren Bildes ins Gedächtnis zu rufen, das sie unverwischbar in ihrem Herzen tragen. Aber mag die Schrift auch mit allen Mängeln einer flüchtigen

Skizze behaftet sein, so hat sie doch vielleicht einen Vorzug: sie ist mit dem Herzen und nicht mit dem Kopf geschrieben, und die Feder wurde mir geführt von der tiefsten Verehrung für den großen Vorkämpfer der großen Sache, mit dem noch in ein und derselben Reichstagsfraktion Schulter an Schulter gestritten zu haben, immer mein Stolz und meine Freude sein wird.

Frankfurt am Main, 7. September 1913.

Hermann Wendel.

I

Kindheit, Lehr- und Wanderjahre.

Eine jener ironischen Witze, in denen die Weltgeschichte sich nicht selten zu gefallen pflegt, ließ den schärfsten Widersacher des preußischen Militarismus in einer preußischen Kaserne zur Welt kommen, denn wie Adolf Stöcker, der beredte Demagoge des pfäffischen Sozialismus, ist August Bebel, der größte Führer des proletarischen Sozialismus, ein Unteroffizierskind. Am 22. Februar 1840 hörte eine Stube in der Kasematte zu Deutz-Köln seinen ersten rebellischen Schrei, just um die neunte Abendstunde, als das Signal des Zapfenstreiches über die Wälle klang.

Der Vater, Johann Gottlob Bebel, Unteroffizier in der dritten Kompagnie des Infanterie-Regiments Nr. 25, stammte aus Ostrowo in der Provinz Posen. August Bebel aber suchte, wohl nicht mit Unrecht, den Ursitz seines Geschlechts im südwestlichen Deutschland, etwa in Württemberg. Vielleicht floß in seinen Adern etwas vom Blut jenes Heinrich Bebel, des Verfassers der „Facetiae", der um die Wende des fünfzehnten und sechzehnten Jahrhunderts im Zeichen des Humanismus gegen Papsttum, Möncherei und Dunkelmänner stritt, vielleicht war auch der Baseler Buchdrucker Johann Bebel, der um 1518 des Thomas Moore, des ersten modernen Sozialisten, utopisches Gesellschaftsbild herausgab, ein Vorfahr unseres Bebel.

Wenn wirklich die Genien des Ortes dem Neugeborenen Gaben in die Wiege legen, so hat August Bebel von dem weiteren und engeren Kreise seiner Geburt wesentliches empfangen. Die Rheinlande waren der Landstrich, in dem von allen deutschen Gauen die kapitalistische Industrie am ehesten die Kinderschuhe ausgetreten hatte, und wurden darum auch zum klassischen Boden der deutschen Revolution. Hier am Rhein saß eine wirtschaftlich mächtige und darum selbstbewußte Bourgeoisie, hier band sie zuerst entschlossen mit den

Gewalten des Absolutismus und Feudalismus an, hier in Köln erprobte, zwei Jahre nach Bebels Geburt, Karl Marx an der „Rheinischen Zeitung" zuerst seines Schwertes Schärfe, hier steckte sich 1848 das Bürgertum am keckstén die rote Hahnenfeder an den Heckerhut und verlieh mit der Drohung, daß die ganzen Rheinlande an Frankreich abzufallen bereit seien, dem Erfolg der Berliner Barrikadenschlacht erst den rechten Nachdruck. Im besonderen Köln war um 1840 herum nicht nur der wirtschaftliche, sondern auch der politische Mittelpunkt der Rheinprovinz. Aber wegen der vorgeschrittenen Entwicklung der Rheingegend regte sich hier schon zu einer Zeit, da der Osten Deutschlands noch eine Idylle von agrarischer Waldursprünglichkeit war, zuerst der Klassengegensatz zwischen Bourgeoisie und Proletariat. Unter der Franzosenherrschaft waren in Köln, wo sich unter der Herrschaft des Krummstabs am Ende des achtzehnten Jahrhunderts Schwärme zerlumpter Bettler an den Kirchentüren drängten, Fabriken entstanden und hatten rasch das Lumpenproletariat zum Industrieproletariat umgeformt. In den vierziger Jahren begannen sich diese Proletarier ihres Gegensatzes zu den fröhlichen Nutznießern des Kapitalprofits bewußt zu werden, und gerade in Köln erschien in den Jahren 1848 und 1849, von Karl Marx und Friedrich Engels redigiert, die „Neue Rheinische Zeitung", das einzige Blatt, das klar und scharf und mit echt revolutionärer Leidenschaft die besonderen Interessen der Arbeiterklasse verfocht bis zum bitteren Ende. So ist es wahrlich mehr als ein Zufall, daß, wie der kühnste politische Dichter der Deutschen, Heinrich Heine, wie die gewaltigen Theoretiker des wissenschaftlichen Sozialismus, Karl Marx und Friedrich Engels, so auch der größte Praktiker und Taktiker der modernen Arbeiterbewegung, August Bebel, den Rheinlanden entsprang. Wenn er von diesem vulkanischen Boden etwas mitbekommen, so sicher die hohe Begeisterungsfähigkeit, den rebellischen Feuergeist und den prächtigen Kämpfertrotz, der seines Wesens Bestes in jungen und alten Tagen war. Was sich diesen Eigenschaften in seltener, aber wirkungsvoller Mischung paarte, das nüchterne Augenmaß, der Blick für Wirklichkeiten und der Sinn für Disziplin und Ordnung, Dinge, die seit Friedrich Wilhelm I. als urpreußische Tugenden gelten, mag denn wohl ein Erbteil der Kaserne gewesen sein.

In dieser Kaserne verbrachte der Unteroffizierssohn die ersten Lebensjahre, ein echtes Soldatenkind auch in seinen Spielen: einen besonderen Spaß bereitete es dem Kleinen wie auch den Zuschauern, wenn er mit einem Holzsäbel hinter oder neben einer exerzierenden Truppenabteilung alle Bewegungen mit großer Exaktheit nachahmte. Aber das Glück wohnte nicht unter dem Dach der Familie. Um der Welt des Kommißbrotes mit Frau und Kind zu entrinnen, bewarb der Vater sich um den Posten eines Grenzaufsehers und wurde auch zum Vorbereitungsdienst nach Herzogenrad an der belgischen Grenze einberufen. Aber über den Anstrengungen der Nachtwachen zog er sich die Lungenschwindsucht zu, deren Keime wohl schon in ihm steckten, und siechte noch Jahr und Tag im Kölner Militärlazarett dahin, bis 1844 der Tod seinen Leiden ein Ziel setzte. Sein Zwillingsbruder August Bebel nahm sich der unversorgten, weil nicht pensionsberechtigten Witwe und der drei Kinder — im April 1841 und im Sommer 1842 war die Familie um je ein Söhnchen gewachsen — liebevoll und hilfreich an und heiratete, um seinen Pflichten besser nachkommen zu können, im Herbst 1844 die Verlassene. Auch er hatte als Unteroffizier auf preußischen Kasernenhöfen kommandiert und exerziert, war aber wegen eines Kehlkopfleidens als Ganzinvalide vom Militär entlassen worden und bekleidete jetzt den bescheidenen Posten eines Revieraufsehers in der Provinzialkorrektionsanstalt Brauweiler bei Köln, die mit einer Gefangenenanstalt für die widerhaarigsten Insassen des Arbeitshauses versehen war. In dieser trüben Umgebung drängten sich dem vierjährigen Knaben ganz andere Eindrücke auf als in der Kaserne. „Ich habe mehr als einmal mit angesehen," heißt es in den Lebenserinnerungen, „daß junge und ältere Männer, die extra schwer bestraft wurden, sich der scheußlichen Prozedur des Krummschließens unterziehen mußten. Dieses Krummschließen bestand darin, daß der Delinquent sich auf den Boden der Zelle auf den Bauch zu legen hatte. Alsdann bekam er Hand- und Fußschellen angelegt. Darauf wurde ihm die rechte Hand über den Rücken hinweg an den linken Fuß und die linke Hand ebenfalls über dem Rücken an den rechten Fuß gefesselt. Damit noch nicht genug, wurde ihm ein leinenes Tuch strickartig um den Körper über Brust und Arme auf dem Rücken scharf zusammengezogen. So als lebendes Knäuel zusammengeschnürt, mußte der Uebeltäter zwei Stunden lang, auf dem Bauche liegend, aushalten. Alsdann wurden ihm die Fesseln abgenommen, aber nach wenigen Stunden begann die Prozedur von neuem. Das Gebrülle und Gestöhne der so Mißhandelten durchtönte das ganze Gebäude und machte natürlich auf uns Kinder einen schauerlichen Eindruck.“ Aber wenn der unglückselige Dramatiker Christian Dietrich Grabbe, eines Kerkermeisters Sohn, einmal wegwerfend und selbstverächtlich bemerkte: „Was kann aus einem Menschen werden, dessen erste Erinnerung ist, einen alten Mörder spazieren geführt zu haben!“ so mochten den Kämpfer Bebel in späteren Tagen diese traurigen Kindheitserinnerungen nur anspornen in seiner unerbittlichen Fehde gegen eine Staats- und Gesellschaftsordnung, deren Rechtspflege mit solch sinnlosen Grausamkeiten arbeitete.

Lange war übrigens seines Bleibens in Brauweiler nicht, denn schon nach zwei Jahren erlag auch sein Stiefvater der Schwindsucht, und rat- und mittellos wie sie war, mußte jetzt die Mutter mit den Kindern nach Wetzlar übersiedeln, ihrer Heimatstadt, wo sie noch mehrere, in kleinbürgerlichen Verhältnissen lebende Geschwister besaß. In diesem kleinen romantischen Nest mit seinen steilen, mittelalterlichen Gassen, in dem Goethe dereinst als Referendarius des verflossenen Reichskammergerichts fröhliche und selige Stunden verbracht, hatte Wilhelmine Johanna Bebel, wie auch schon zuvor, hart mit des Lebens Not zu ringen. Armer Leuts Eltern lassen sich nicht mit viel psychologischen und ästhetischen Schnörkeln umgeben, und so erschöpft sich auch das Lob von August Bebels Mutter damit, daß sie eine gute Mutter war und eine arbeitsame Frau, die tat, was sie irgend konnte. Als Unteroffiziersfrau hatte sie eine Art Kantine geführt, und der Sohn sah sie immer vor sich, wie sie abends bei der mit Rüböl gespeisten Lampe den Soldaten die Steingutnäpfe mit dampfenden Pellkartoffeln füllte, die Portion zu sechs Pfennig preußisch. In Wetzlar nähte sie für ihren Schwager, einen Handschuhmacher, weiße Militärlederhandschuhe, das Paar für ungefähr zwanzig Pfennig, brachte aber am Tage nie mehr als ein Paar zustande. Unter sotanen Umständen und da sich auch bei der Mutter schon die ersten Anzeichen der Schwindsucht meldeten, mußten auch die beiden Jungen — der kleinste war schon in Brauweiler 1844 gestorben — fest mit zupacken. Mit Kaffeekochen, Stubereinigen, Geschirrputzen und Bettmachen erwarb sich August Bebel Fertigkeiten, die ihm als politischem Gefangenen später trefflich zustatten kamen. Daneben suchte er sich als Kegeljunge ein paar Kreuzer zu verdienen und half im Herbst mit seinem Bruder bei der Kartoffelernte auf den Aeckern einer seiner Tanten. Als Entgelt gab es einen großen Sack Kartoffeln für den Winter. Bei alledem war natürlich Schmalhans Küchenmeister, und viele Jahre lang bestand das Abendessen für jedes Mitglied der Familie nur aus einem mäßig großen Stück Brot, das dünn mit Butter oder Obstmus bestrichen war. Was all diese Jahre hindurch die unerfüllte Sehnsucht des Knaben war, sich nämlich an Butterbrot einmal tüchtig satteſſen zu können, würde einen noch grimmeren Haß gegen die herrschende Gesellschaft rechtfertigen, als später in dem Manne lohte.

Besser konnte August Bebel seinen schon damals regen Wissenshunger befriedigen. Mit Dankbarkeit gedachte er stets der vorzüglichen Volksschule in Wetzlar, die er als sogenannter Armenschüler besuchte, und des Lehrers, der ihn nebst zwei Kameraden beiseite nahm und in die Geheimnisse der höheren Mathematik, sogar in die Kunst des Logarithmenrechnens einweihte. Aber der lernbegierigste aller Schüler war bei weitem kein Duckmäuser, sondern auch bei allen losen Streichen, in denen sich ein lebhaftes Temperament in jungen Jahren auszutollen pflegt, der erste und immer vorneweg. Die nächste Umgebung des Domes, das alte Reichskammergerichtsgebäude, die große Burgruine Kalsmunt vor der Stadt, die Felsenpartien an der Garbenheimer Chaussee boten unvergleichliche Tummelplätze für nicht geduckten Jugendübermut, und ein Wunder war es schließlich nicht, daß solches Tun dem Anführer bei einem Schulexamen die Note fünf im sittlichen Verhalten eintrug.

In diese unbefangenen Knabenspiele hinein lärmte das Revolutionsjahr. Wie die meisten der Wetzlarer Kleinbürger für die eine freie deutsche Republik schwärmten, so war auch die heranwachsende Jugend stramm republikanisch gesinnt. Nur zwei eingefleischte Anhänger des monarchischen Gedankens gab es in dem Schwarm der Schuljugend — der eine von ihnen war August Bebel, und er, den sich Jahrzehnte hindurch die Spießer an ihren Stammtischen nur als einen tyrannenblutlüsternen Thronumstürzer malten, trieb als Achtjähriger seine royalistische Ueberzeugungstreue so weit, daß er von den Republikanern unter seinen Altersgenossen eine derbe Tracht Prügel bezog. Aber auch ernstere Eindrücke hinterließ die deutsche Revolution. So wurde ein Verwandter Bebels, der bei einer Gelegenheit die Sturmglocke zum bewaffneten Widerstand geläutet hatte, auf drei lange Jahre ins Zuchthaus geschickt.

Das Jahr 1853 machte die beiden Brüder zu Waisen und trennte sie zugleich, denn sie wurden nach dem Tode der Mutter bei verschiedenen Tanten untergebracht. Augusts Schützerin hatte eine Wassermühle in Erbpacht und ließ ihn nicht nur in der Mühle fleißig zugreifen, sondern auch mit zwei Eseln Getreide von den Bauern holen und Mehl zu ihnen bringen. Auch das Pferd ritt er zuweilen in die Schwemme. Aber so sehr ihn diese Tätigkeiten in freier Luft vergnügten, so schmerzlich empfand er es, daß er mit dem vollendeten vierzehnten Lebensjahre Ostern 1854 die Schule verlassen sollte. Am liebsten wäre er auf den Schulbänken sitzen geblieben, um zu lernen, zu lernen und immer wieder zu lernen, aber das harte Muß machte schnellen Schluß. Auch sein Traum, Bergfach zu studieren, konnte bei dem gänzlich Mittellosen und auf die Gnade der Verwandten Angewiesenen nur ein Traum bleiben. Er entschied sich drum ohne innere Neigung für den Drechslerberuf, trat bei einem Wetzlarer Meister in die Lehre, warf sich mit gewohntem Fleiß ins Zeug, bekam später für sein Gesellenstück sogar die erste Zensur, aber ein Genie der Drehbank ist August Bebel nie geworden. Sobald das Ende der vierzehnstündigen Arbeitszeit es erlaubte, flüchtete er zu den geliebten Büchern und verschlang wahllos durcheinander, was ihm in die Hände fiel, Robinson Crusoe und Onkel Toms Hütte, Hackländers Soldatenromane und eine Geschichte Griechenlands und Roms.

Nur Quellen politischer Belehrung, nach denen sein fürs Politische wacher Sinn schon in den Schuljahren gespürt, rauschten ihm in der toten Kleinstadt nicht. Die fünfziger Jahre waren ja überhaupt eine gottverlassene, triste und konfiszierte Zeit für Deutschland. Wirtschaftlich freilich war es eine Epoche unerhörten Aufschwunges, der auch das hinter England und Frankreich so weit zurückgebliebene Deutschland in alle Strudel der kapitalistischen Wirtschaftsweise hineinriß. Die Entdeckung der kalifornischen und australischen Goldfelder in den Jahren 1848 und 1851 hatte das Wirtschaftsleben der ganzen Welt mächtig befruchtet und mit ihren Folgeerscheinungen erst einen eigentlichen Weltmarkt geschaffen. In Deutschland griff man auf Schritt und Tritt die Wirkungen: die Reederei der Hansestädte belebte den Ozean mit immer neuen Schiffen, die Textilfabrikation Sachsens ließ Tausende von Rädern schnurren, die rheinische und westfälische Erde bedeckte sich mit einem Wald von Schloten und Essen, und Kohle und Eisen kündigten sich als die Herren auch der deutschen Zukunft an. Als Geldbecken, aus denen die tagtäglich wachsende Industrie die flüssigen Mittel schöpfte, erstanden die Kredit-Hypothekenbanken nach dem Muster des Pariser Crédit mobilier. Von den drei Farben Schwarz-Rot-Gold, die ihr eben noch vorangeweht waren, schien aber der deutschen Bourgeoisie jetzt nur mehr die letzte verehrenswert, und in dem Fiebertaumel der Goldmacherei warf sie unbedenklich alle politischen Ideale über Bord, für die sie sich in den seligen Tagen der Frankfurter Paulskirche erhitzt hatte. Jedes politische Interesse mußte ja absterben in dem tötenden Gifthauch der nachmärzlichen Reaktion, die 1849 das Schlachtfeld der deutschen Revolution in den Kirchhof der deutschen Freiheit verwandelt hatte. Die Polizei herrschte unumschränkt, Vereins- und Versammlungsrecht war vernichtet, jede politische Tätigkeit gelähmt. Vor allem war, was sich im Revolutionsjahr an kommunistischen und andern Arbeiterorganisationen gebildet hatte, mit Stumpf und Stiel ausgerottet, und in dem Jahre, das den Knaben Bebel aus der Schule ins Leben springen sah, durfte Louis Reybaud, der die Worte Sozialismus und Sozialist einst in Umlauf gebracht hatte, in seinem „Wörterbuch der Nationalökonomie" mit einem Schein von Recht schreiben: „Der Sozialismus ist gestorben; von ihm sprechen, heißt eine Leichenrede halten."

Begreiflich, daß der Schüler und Lehrling Bebel wohl kaum je das Wort Sozialismus vernahm, aber ebenso begreiflich, daß ein ungestümer Geist wie der seine aus der Enge und Gebundenheit der Wetzlarer Werkstatt hinausstrebte ins Weite. Die ganze Welt wollte er durchstürmen, neue Horizonte sollten sich ihm erschließen, zu neuen Wissensgebieten die Tore aufgesprengt werden. Ein schönes, menschliches Mitgefühl mit der plötzlich verwitweten Meisterin ließ aber den Gesellen seine Unrast zähmen und ihn noch so lange, über seine Kräfte arbeitend, in Wetzlar verweilen, bis das Geschäft aufgelöst war. Dann trat er am 1. Februar 1858 seine Wanderung in die Welt an, zu Fuß natürlich, nach altem Handwerksburschenbrauch, der damals noch stark im Schwange war. Zum Abschiednehmen war es just das rechte Wetter, denn es flockte weiß und unermüdlich vom Himmel, und wirklich war die Trennung von dem Bruder, der ihm eine Strecke Wegs das Geleite gab, ein Abschied für immer, denn anderthalb Jahre später war August Bebel der Letzte von der Familie.

Ueber Frankfurt am Main und Heidelberg walzte der junge Drechslergesell unternehmungslustig und nur hier und da die Eisenbahn benutzend, nach Mannheim und von dort nach Speyer, wo er Arbeit fand und wacker an der Drehbank schuftend einen Wochenlohn von einem Gulden sechs Kreuzern, etwa zwei Mark nach unserem Gelde, einheimste. Aber als der Frühling ins Land kam und mit Vogelsang und Blütenbüschen lockte, litt es ihn nicht länger in dumpfer Werkstatt: Wohlgemut brach er auf und setzte seinen Knotenstock durch die Pfalz über Landau nach Germersheim, um über den Rhein zurück nach Karlsruhe und landaufwärts über Baden-Baden, Offenburg und Lahr nach Freiburg im Breisgau zu marschieren. Ueberall schaute er auf diesen Wanderfahrten mit hellen Augen um sich und entdeckte auch mehr wie einmal, daß es ein Unding ist, die Menschen nach ihrem Aeußeren zu beurteilen. Da er, ein junger, schmächtiger Bursch in den windigen Jahren der Unterernährung, durchaus der landläufigen Vorstellung entsprach, die man sich von einem tapferen Schneiderlein machte, so stürzten sich oft an den Stadttoren schon die Meister von Nadel und Zwirn auf ihn, um seine Arbeitskraft zu gewinnen. Nicht viel später wanderte er mit einem robusten, stämmigen Tiroler zusammen, der in seiner Breitschultrigkeit ganz einem Fleischer glich. Der aber war ein Schneider.

In Freiburg, wo er im Sommer 1858 wieder Arbeit nahm, trat er, obwohl Protestant, dem katholischen Gesellenverein bei. Adolf Kolping, der sich vom Schuhmachergesellen durch Fleiß und Fähigkeit zum Geistlichen herangebildet hatte und Domvikar in Köln geworden war, gründete in den vierziger Jahren den ersten Gesellenverein, dem bald zahlreiche andere in vielen Städten Deutschlands und Oesterreichs folgten. Da durch Spenden wohlhabender Katholiken überall eigene Vereinshäuser errichtet werden konnten, strömten die Gesellen den Vereinen um so lieber zu, als die dort gepflegte harmlos fröhliche Geselligkeit auch religiös Lauen und Nichtkatholiken behagen konnte. Allerdings war die Organisation auf eine Zeit zugeschnitten, der schon das Totenglöcklein geläutet wurde: sie sah in jedem Handwerksgesellen den künftigen Handwerksmeister und hielt darum auch eigentliche Fabrikarbeiter fern. Ganz im Rahmen der bestehenden Ordnung wollte Kolping die Gesellen zu guten Bürgern, frommen Christen und willigen Arbeitern erziehen. Mit Politik gaben sich die Vereine nicht ab, eine soziale Frage kannten sie nicht. Soweit sie die Handwerkerfrage ins Auge faßten, sollte sie lediglich mit moralischen Mitteln gelöst werden: durch Hebung des religiösen Sinns, durch fachliche Ausbildung und durch Abhaltung von den Verlockungen ungezügelten Lebensgenusses. Was Bebel in den Verein trieb, war einmal, bei dem Mangel an allen anders gearteten Arbeitervereinen, die Unmöglichkeit, mit seinesgleichen sonstwo zusammenzukommen. Zum zweiten sah er in den Gesellenvereinen in der Hauptsache Bildungsvereine, die in vielen Fächern unterrichteten und sogar französische Sprachstunden erteilten. In Freiburg und im österreichischen Salzburg, wo er gleichfalls Mitglied des Gesellenvereins war, hörte er sich denn mit vieler Aufmerksamkeit und manchem Nutzen die wöchentlichen Vorträge über allerhand Themata an und fand sich nie durch scheinheiliges Muckertum oder starre Unduldsamkeit abgestoßen, denn die geistlichen Leiter der Vereine verstanden es mit dem Geschick, das den Werbern der römischen Kirche seit je eignet, sich dem Wesen ihrer jungen Hörer außerordentlich anzupassen. Für Bebel im Vordergrund aber stand die Gelegenheit, hier sein politisches Interesse zu befriedigen. Im Vereinszimmer jedes Gesellenhauses lag eine Anzahl allerdings nur katholischer Zeitungen aus, und auf diese Blätter stürzte er sich immer zuerst, um erregt zu erfahren und in sich aufzunehmen, was die Welt an Neuem bewegte.

Im September 1858 brach er wieder von Freiburg auf und wanderte durch das Höllental über den Schwarzwald nach Neustadt, Donaueschingen und Schaffhausen. Gerne wäre er in der Schweiz geblieben, aber aus der Furcht heraus, sie könnten hier mit republikanischen Gedanken angesteckt werden, verbot damals die hochwohlweise Berliner Regierung den Handwerksburschen preußischer Staatsangehörigkeit den Aufenthalt im Lande Wilhelm Tells. Auch Bebel erhielt auf seine Anfrage bei der preußischen Gesandtschaft in Karlsruhe die Erlaubnis zum Verweilen auf Schweizer Boden nicht, und so ging es denn weiter nach Konstanz, zu Schiff über den Bodensee nach Friedrichshafen und von dort zu Fuß über Ravensburg, Biberach, Ulm und Augsburg nach München. Wennschon es ihm in München über die Maßen wohlgefiel, setzte er bald, da Arbeitsgelegenheit fehlte, die Reise nach Regensburg fort, und zwar zum Teil auf einem Floß, von dem die Flößer wegen eines hitzigen politischen Streites mit einem Pfarrherrn und einigen Bauern den „verdammten Preiß" fast in die Isar geworfen hätten.

In Regensburg fand er Arbeit. Aber hatte er schon auf der Herberge in München stark zünftlerische Sitten wahrgenommen, so gab es in der Donaustadt vollends keinen Fachgenossen mit höheren geistigen Interessen: alles ergab sich dem Stumpfsinn des Saufens und krönte den, dessen Kehle am unergründlichsten schien. Das war durchaus nicht Bebels Fall, und so verbrachte er mit einem Kollegen aus Breslau die meisten Sonntagabende im Theater, auf dem billigsten Platz selbstverständlich, der neun Kreuzer kostete.

Ein Streit mit dem als Grobian berüchtigten Meister hieß Bebel genau am Jahrestag seines Aufbruchs von Wetzlar das Bündel schnüren. In Schnee und Kälte gelangte er, oft durchnäßt bis auf die Haut, oft hungernd, meist sich durchfechtend, nach München zurück, wo er vergebens um Arbeit anklopfte, von dort über Rosenheim nach Kufstein ins Oesterreichische und marschierte über Reichenhall geradewegs nach Salzburg in Tirol. Dort ließ er wieder an einer Drehbank seine Muskeln spielen, aber unermüdlicher noch beschäftigte sich sein reger Geist mit den großen politischen Fragen, die dieses Jahr aufwarf.

Denn die Weltgeschichte, die seit dem Revolutionsjahr im Schneckengang langweilig dahingekrochen war, marschierte seit dem Sommer 1859 wieder einmal im Sturmschritt. Der politische Scharlatan, der sich unter dem Namen Napoleon III. auf den französischen Thron geschwungen hatte, gab sich, um die Volksgunst zu erwerben und zu erhalten, gerne als den edlen Schützer unterdrückter Nationalitäten aus und zog im

Sommer dieses Jahres vom Leder gegen Oesterreich, angeblich, um die Italiener vom Joch der Habsburger zu befreien, in Wahrheit, um sich die Krone tiefer in die Stirn zu drücken und nebenbei, nach Rußlands Niederlage im Krimkrieg, den zweiten der Sieger über den ersten Napoleon zu züchtigen. Der Schlachtendonner dieses Krieges scheuchte die bürgerliche Klasse Deutschlands zum erstenmal seit 1848 wieder von der Ofenbank auf und ließ zumal den Gegensatz zwischen Großdeutschen und Kleindeutschen zu heller Flamme aufschlagen. Eine Flut von Broschüren und Flugblättern ergoß sich über das Land. Die Parteigänger Oesterreichs forderten, daß der Rhein am Po verteidigt werden müsse, das wollte sagen, daß unter Preußens Führung der ganze deutsche Bund Bonapartes Angriff auf seinen größten Staat abwehren müsse. Die Anhänger Preußens aber billigten es, daß die norddeutsche Macht Gewehr bei Fuß stand, einmal aus Furcht, durch einen volkstümlichen Krieg gegen Frankreich einen nationalen und damit politischen Sturm in den Massen zu entfesseln, dann in einem Gefühl hämischer Schadenfreude, die dem Nebenbuhler in Wien die Schläge aufs Haupt gönnte. So war der eilige Friede von Villafranca zwischen den kriegführenden Parteien schon geschlossen, als gerade Preußen mit einer widerwilligen Mobilmachung sein Schwert zu schleifen begann.

Unwiderstehlich rissen diese politischen Ereignisse den jungen Bebel in ihren Bannkreis. Durch Salzburgs Straßen sah er die Truppen ziehen, Regiment um Regiment, die sich bei Solferino und Magenta verbluten sollten, und fiebernd vor Erregung, saß er jeden Sonntag im Café Tomaselli und durchflog der Reihe nach sämtliche Zeitungen. Er war dabei gut preußisch gesinnt und mußte, wenn er für die Berliner Politik eine Lanze brach, vor den Handgreiflichkeiten der Oesterreicher auf der Hut sein. Aber während Friedrich Engels und Ferdinand Lassalle, jeder in einem anderen Sinn, mit einer Schrift in den Streit der Meinungen eingriffen, war Bebel willens, mit der Flinte in der Faust und mit der Tat dabei zu sein. Bei den freiwilligen Tiroler Jägern meldete er sich, aber hier reihte man nur Landeskinder ein. Inzwischen hatte Preußen mobil gemacht, und er strebte flugs danach, mit den Pickelhauben ins Feld zu rücken. Aber die erbetenen sechs Taler Reisegeld kamen vom Oheim erst an, als der Friedensschluß allen kriegerischen Träumen des jungen

Bebel ein Ende gemacht hatte. Wohl weniger das Soldatenblut, das der Trommel rasselnder Klang in ihm erweckt hatte, trieb ihn zu der Meldung bei Oesterreichern und Preußen, als vielmehr der unbezähmbare Drang, den großen Ereignissen der Geschichte nah zu sein und nicht die Hände faul in den Schoß zu legen, wenn um die Geschicke ganzer Völker gewürfelt wurde. Aber es war ihm nicht Bestimmung, unter Fahnen, die irgendein Raubtier im Wappen führten, seinem Willen zur Tat zu genügen, und der preußische Militarismus versperrte ihm auch jede Möglichkeit dazu, denn der aller Kämpfer unermüdlichster werden sollte, blieb wegen „allgemeiner Körperschwäche" von den zweifelhaften Segnungen des Kasernendrills verschont.

Mitte März 1860 grüßte, heimwärts wandernd, sofern er es Heimat nennen konnte, Bebel wieder die Türme und Dächer von Wetzlar. In dem hessischen Städtchen Butzbach trat er, da in Wetzlar alle Drehbänke besetzt waren, bei einem jüdischen Meister in Arbeit, aber als der Frühling auf die Landstraßen lockte, forderten ihn drei Schulfreunde auf, mit ihnen nach Leipzig zu wandern. Er schlug ein, marschierte hinter den früher Aufgebrochenen her, erreichte sie noch vor dem Thüringer Land, und nun wanderten sie zu selbviert über Eisenach, Gotha und Erfurt auf der alten Heerstraße bis Weimar. Hier wurde, da Bebels Wandergefährten sich die Füße wundgelaufen hatten, die Eisenbahn bestiegen, und am 7. Mai 1860, abends 11 Uhr, betrat er Leipzigs Pflaster und hatte am anderen Tag schon eine Arbeitsstelle.

Die Sonne strahlte an einem blauen Himmel, die Promenaden der Stadt standen im schönsten Blütenschmuck und dem Drechslergesellen August Bebel lachte das zwanzigjährige Herz im Leibe. Ein gut Stück Welt hatte er sich angesehen und war ein aufgeweckter Jüngling mit dem heißesten politischen Interesse und dem stärksten Wissenshunger und Erkenntnisdrang. Aber noch war ihm der Kopf voll von überlieferten Vorstellungen und Vorurteilen, noch wußte er nicht, wohin der Weg ging, noch hatte er seine Sache auf den Zufall gestellt. Zufall, daß er das Drechslerhandwerk gelernt, Zufall, daß er sich nach Leipzig aufgemacht, Zufall, daß er hier sofort Arbeit gefunden hatte.

Aber in Leipzig sollte sich sein Schicksal in mehr als einer Hinsicht entscheiden.

II.

Vom Leipziger Bildungsverein zum Eisenacher Kongreß.

Die Wellen, die der italienische Krieg des Jahres 1859 im deutschen Bürgertum und darüber hinaus geworfen hatte, verliefen sich nicht so schnell im Sande. Wenn sich im Gegenteil die Bewegung für das einige Deutsche Reich, das die harte ökonomische Notwendigkeit gebieterisch forderte, mit jedem Tag ungebärdiger äußerte, so wirkte dabei die in dem Jahrzehnt nach 1849 aufgestapelte wirtschaftliche Macht der Bourgeoisie ebenso anstachelnd wie die Wirtschaftskrise, die 1857 gerade die flottesten Tänzer um das goldene Kalb zu lahmen Krüppeln geschlagen hatte. Freilich spiegelte sich das geeinte Deutschland, für das in dem Rausch der Sänger-, Turner- und Schützenfeste unermüdlich das Rheinlied gesungen, die Bauchwelle geschlagen und nach der Scheibe geschossen wurde, recht verschieden in den Köpfen. Was in dem wirtschaftlich weniger entwickelten Süddeutschland hockte, war stramm großdeutsch gesinnt und schwor Stein und Bein darauf, daß morgen schon der Habsburger als Kaiser Deutschlands in die erkorene Reichshauptstadt Frankfurt einziehen werde. Die Bourgeoisie der kleineren Staaten Mitteldeutschlands dagegen lief in Scharen dem 1861 gegründeten Nationalverein zu, dessen Leute die Spitze der preußischen Pickelhaube über Deutschland leuchten sahen, von Berlin alles erwarteten und von Wien nichts wissen wollten.

Die sogenannte Neue Aera in Preußen war nur ein Kapitel in dem allgemeinen Begeisterungstaumel der deutschen Mittelklasse. Preußens Bürgertum, all die Jahre hindurch gepufft und geknufft von einer boshaft heimtückischen Reaktion, in drei Manteuffels Namen von den Junkern mit dem Stiefelabsatz behandelt, ein Spielball in den Händen bald der feudalen Kamarilla, bald der absolutistischen Bureaukratie, atmete erleichtert auf, als der königliche Sachwalter dieser Reaktion in die dichten Nebel des Irrsinns hineintappte und als sein Bruder Wilhelm 1858 die Regentschaft übernahm.

Aber auch von dieser Bourgeoisie galt das furchtbare Wort, daß sie nichts gelernt und nichts vergessen hatte. Weil er dem Junkertum und ihm das Junkertum nicht in allem genehm war, erschien dieser Wilhelm, der 1848 vor gerechtem Volkszorn hatte fliehen müssen und der 1849 mit dem Blut der in Baden gestandrechtelten Revolutionäre auf den Namen des Kartätschenprinzen getauft worden war, bei seinem Regierungsantritt mit einem Male als der ersehnte Messias des Liberalismus. Die Liberalen gingen denn auch in ihrem Vertrauensdusel so weit, daß sie bei den Kammerwahlen von 1858 erprobte Kämpfer des Revolutionsjahres, um das Mißfallen der Regierung zu vermeiden, nicht in das Parlament sandten. Auch stellten sie alle „weitgehenden Forderungen", wie die des gleichen Wahlrechts, unter Kratzfüßen zurück, und es waren alles in allem lendenlahme Gestalten ohne Saft und Kraft, ohne Mut und Mark, unfähig, die erwartungsvoll geöffnete Hand zur drohenden Faust zu ballen, die parlamentarisch die Neue Aera verkörperten. Aber selbst mit diesen windigen Gesellen prallte die Regierung Wilhelms I., der wie nur einer dem Absolutismus ergeben und vom Gottesgnadentum durchdrungen war, bald hart zusammen, und zwar geschah das in der Frage der Heeresreform. Die Seifenblase der Neuen Aera platzte, und da einer großen Anzahl der preußischen Liberalen die Taktik des Fraktionstyrannen Vincke doch allzu kurzatmig schien, schlossen sie sich 1861 zur Fortschrittspartei zusammen, in der auch entschiedenere Elemente wie Waldeck und Unruh eine Rolle spielten.

Aber ob nun Groß- oder Kleindeutsche, ob Nationalverein oder Fortschrittspartei, wo überall die Bourgeoisie auftrat, suchte sie die Arbeiter vor ihren Karren zu spannen, wie sie schon auf den Barrikaden des Jahres 1848 die Proletarier als Kanonenfutter verbraucht hatte. Am besten glaubte man die Arbeiter mit ihrem Wissenstrieb dauernd fesseln zu können und so wurden allenthalben, unter wohlwollender Gönnerschaft der Bourgeoisie, Arbeiterbildungsvereine gegründet, in denen Professoren, Advokaten und andere höchst gescheute Leutchen ihren Hörern aus allen möglichen Gebieten einen dünnen wissenschaftlichen Brei anrührten und vorsetzten, der auf die Dauer wohl einem zahnlosen Greise behagen konnte, aber nimmer einem so kräftig in die Höhe und Breite schießenden Jüngling, wie es damals das deutsche Proletariat schon war. Durch die Begönnerung dieser Bildungsvereine schlug die Bourgeoisie drei Fliegen mit einer Klappe: einmal schnitzte sie sich aus kräftigem proletarischem Holz einen Stecken zur Unterstützung ihrer Politik, zum zweiten täuschte sie die Arbeiter über ihre wirklichen Interessen hinweg und verhütete das Erwachen des Klassenbewußtseins und zum dritten zog sie sich, da auch häufig Fachvorträge gehalten wurden, einen Stamm intelligenter Arbeiter heran, deren die aufblühende Industrie mehr denn je bedurfte.

Mit proletarischem Klassenbewußtsein hatte vorderhand auch noch nichts zu tun, was in dem Kopf des jungen Drechslergesellen August Bebel gärte und brodelte, als er sich in Leipzig umsah. Noch beherrschte ja nicht die Industrie, trotz ihres raschen Wachstums, sondern trotz seines ebenso raschen Verfalls das Handwerk Deutschlands Wirtschaftsleben, und wie an Zahl die Handwerksgesellen bei weitem die eigentlichen Fabrikarbeiter überwogen, so gab auch das Handwerksgesellentum dem Fühlen und Denken der ganzen Klasse sein Gepräge. Selbst in Sachsen, neben der Rheinprovinz dem industriellsten Gebiet Deutschlands, träumten die Gesellen um so eher davon, selbständige Meister zu werden, als ihnen die anfangs der sechziger Jahre gewährte Gewerbefreiheit die Bahn zu öffnen schien. Auch Bebel war Handwerksgeselle und dachte und fühlte als Handwerksgeselle. Aber er besaß von Natur einen guten Instinkt für das, was nottat. Das Wort Streik hatte er nie gehört, aber als bei seinem Meister der Kaffee selbst für sächsische Begriffe zu dünn und das Mittagessen selbst für einen bescheidenen Magen zu karg war, machte er zum erstenmal von seinem großen Organisationstalent Gebrauch: er bewog seine sechs Mitarbeiter zu einem Zusammenschluß, gemeinsam wurden sie vorstellig und drohten, falls ihren Beschwerden nicht abgeholfen würde, mit Niederlegung der Arbeit. Das half, und später erreichten die Gesellen unter Bebels Führung sogar eine Verkürzung der Arbeitszeit, die Einführung der Stückarbeit und die Erlaubnis, außer dem Hause zu wohnen. Politisch aber stand Bebel durchaus auf demokratischem Boden und unterrichtete sich über die Zeitereignisse aus der „Mitteldeutschen Volkszeitung", die von Dr. Peters, einem alten Achtundvierziger, herausgegeben wurde. Ueberhaupt galt Leipzig als ein Herd der radikalen Demokratie. Noch war die Erinnerung an Robert Blum sehr lebendig, den sein Schicksal von hier über die Frankfurter Paulskirche vor das Standrechtspeloton der Brigittenau geführt hatte, und eine Reihe von Mitkämpfern des Dresdener Maiaufstandes, die zum Teil die sächsische Reaktion hinter Zuchthausmauern gefoltert hatte, hielten engen Zusammenhalt und verbanden die Erinnerung an eine bessere Vergangenheit mit der Hoffnung auf eine bessere Zukunft. Mehrere Haupthähne dieser Demokraten lernte Bebel bald persönlich kennen.

Als er nämlich eines schönen Tages sein Blatt aufschlug, fand er darin die Einladung zu einer Volksversammlung, in der über die Gründung eines Bildungsvereins beraten und beschlossen werden sollte. Bildungsverein — das war etwas für den nach Bildung und Wissen Lechzenden! So saß er am Abend des 19. Februar 1861 gespannt auf der Galerie des Wiener Saales und lauschte der Ankündigung des Vorsitzenden der Polytechnischen Gesellschaft, Professors Dr. Hirzel, daß man einen gewerblichen Bildungsverein als zweite Abteilung der Polytechnischen Gesellschaft gründen wollte. Mit Staunen aber nahm er wahr, daß zwei Arbeiter, Vahlteich und Fritzsche, nach Professor Roßmäßler, auch einem alten Achtundvierziger, das Wort nahmen und frisch von der Leber weg sprachen. Im stillen beneidete er sie und wünschte, auch einmal so reden zu können; aber was die beiden, denen der vormärzliche Handwerksburschenkommunismus Weitlings in den Köpfen steckte, den gelehrten Herrn erwiderten, daß nämlich der Verein politisch sein müsse und Bildung lediglich Sache der Schule sei, wollte ihm nicht einleuchten. Selbstverständlich trat Bebel dem Verein bei, der noch am wenigsten von allen professorale Schaumschlägerei betrieb und eine Fülle gediegenen Wissens vermittelte, und war bald eines seiner eifrigsten Mitglieder. Aber als die beiden proletarischen Gegner Hirzels aus der Gründungsversammlung Opposition in den Verein trugen, blieb Bebel bei seiner einmal gefaßten Meinung. Er billigte es nicht, als Vahlteich bei dem Stiftungsfest 1862 in seiner Festrede nach dem allgemeinen Stimmrecht rief, er stritt auf der Generalversammlung des gleichen Jahres heftig gegen die Opposition, die die Politisierung des Vereins verlangte, und sah sie nach ihrer Niederlage ohne Trauern ausscheiden und einen neuen Verein, „Vorwärts“ genannt, bilden. Als er im Februar des folgenden Jahres als Vertreter des gewerblichen Bildungsvereins auf dem Stiftungsfest des Dresdener Arbeiterbildungsvereins Vahlteich traf, der im Namen des „Vorwärts“ hier weilte und seine Begrüßungsansprache mit einem Hoch auf die politische Bildung schloß, sprang Bebel auf, bekämpfte seine Anschauungen und brachte ein Hoch auf die allgemeine Bildung aus, und auf dem zweiten Stiftungsfest des eigenen Vereins spitzte er seine Festrede sogar gegen das allgemeine, gleiche, geheime und direkte Wahlrecht zu, weil die Arbeiter dafür noch nicht reif seien.

Mittlerweile war er nicht nur in den vierundzwanzigköpfigen leitenden Ausschuß des Vereins gewählt worden, sondern auch von einer Volksversammlung in jenes Zentralkomitee zur Vorbereitung eines allgemeinen Arbeiterkongresses, dessen Zusammentritt vielfach, nicht nur in Leipzig, als Notwendigkeit empfunden wurde. Aber während er sich Abend für Abend im Bildungsverein mit Eifer beschäftigte und der fleißigste Antragsteller in den Ausschußsitzungen und Monatsversammlungen wurde, rührten die Debatten in diesem Komitee wenig an sein Herz und unbedenklich schied er aus, noch ehe der berühmte Ruf an Ferdinand Lassalle erging. Auch als am 16. April 1863 der Verfasser des „Offenen Antwortschreibens“ im Leipziger Odeon den Feuerregen seiner pathetischen Rhetorik über die Hörer niedergehen ließ, zündete kein Funke davon in Bebels Seele: er gehörte zu den Zischern oder mindestens zu den gleichgültig Schweigenden, und mit dem „Allgemeinen Deutschen Arbeiterverein“, der bald danach gegründet wurde, wollte er nichts zu schaffen haben.

Wenn Bebel den Jupiter mit dem Blitz des allgemeinen und gleichen Wahlrechts in der Faust ebenso kühl ablehnte wie die Vahlteich und Fritzsche mit ihrem Ruf nach Politik, so gewiß nicht nur, weil ihm, dem Feind jeder Pose, die Selbstgefälligkeit von Lassalles Auftreten Unbehagen wecken mußte, sondern er spiegelte mit seiner Abweisung des Klassenkampfes um die politische Macht nur getreulich die Stimmung der deutschen Arbeiter in ihrer erdrückenden Mehrheit. Einmal hatte es Bebel am eigenen Geiste erfahren, wie unendlich wichtig und wertvoll die Bildung gerade für den Besitzlosen war, den der Staat durch Gitter von den Quellen der Erkenntnis fernhielt, und gedachte er so vieler Klassengenossen aus seinen Wanderjahren, die nach nichts anderem gestrebt hatten, als unter Einhaltung mittelalterlicher Zunftbräuche den Humpen zu leeren, und zog er den Mißbrauch zum Vergleich heran, mit dem sich in Frankreich Napoleon III. des allgemeinen Stimmrechts zu seinen zäsaristischen Zwecken bediente, so konnte er schon seine Bedenken gegen die Ausdehnung des Wahlrechts auf alle rechtfertigen. Außerdem lagen in einer Zeit, die noch viel feudales Gerümpel anfüllte, Forderungen wie Gewerbefreiheit, Freizügigkeit, Niederlassungsfreiheit, Paß- und Wanderfreiheit, Vereins- und Versammlungsfreiheit viel näher als die etwas verschwommenen Produktivassoziationen mit Staatshilfe, zu deren Durchsetzung man des allgemeinen Stimmrechts bedurfte. Zudem war das Vertrauen in die Mannhaftigkeit und Volksfreundlichkeit der bürgerlichen Demokratie in Arbeiterkreisen noch nicht geschwunden, und vielen wäre es wie ein Verrat vorgekommen, die Partei im Stiche zu lassen, die sich gerade in Preußen, nach den schönen Zeitungsartikeln und Reden zu urteilen, auf Tod und Teufel mit Bismarck, dem neuen Helfershelfer brutaler Reaktion, herumschlug. Ueber all das legte sich Bebel mit der tiefen Ehrlichkeit gegen sich und andere, die sein Wesen immerdar auszeichnete, Rechenschaft ab. Ein Selbstbetrug wäre es ihm gewesen, wenn er sich, ohne volle Klarheit über die neue Verkündung zu haben, auf gut Glück Lassalles Heerhaufen angeschlossen hätte. Das Wesen dieses Mannes war ja so auf den Kampf eingestellt, daß er auch zu seinen Ueberzeugungen nur durch den Kampf gelangte. Nichts war ihm im Spiele angeflogen, nichts fiel ihm wie eine reife Frucht in den Schoß, nichts naschte er im Vorübergehen auf, sondern trotz der hohen und schnellen Auffassungsgabe seines Hirns zwang ihn jener fanatische Drang zur Ehrlichkeit, nichts Fertiges von andern anzunehmen und sich mit allem erst selbst auseinander zu setzen. So war, was er in sich trug, erarbeitet, errungen, erkämpft, und erst wenn er eine Idee oder Lehre innerlich so durchgeknetet hatte, daß sie ihm in jedem Blutstropfen saß, nannte er sie sein, dann aber auch so sein, daß er sie gegen eine Welt von Feinden verfocht.

Sein reger Eifer, sein scharfer Verstand und daß, was er vorbrachte, immer Hand und Fuß hatte, sicherte Bebel einen Einfluß und ein Ansehen im Verein, das im umgekehrten Verhältnis zur Zahl seiner Jahre stand. Da Lassalles Triumph in Frankfurt und Mainz den fortschrittlichen Helden Westdeutschlands arg in die schwachen Glieder geschlagen war, berief Leopold Sonnemann, der Gründer der „Frankfurter Zeitung", ein ausgekochter Geschäftspolitiker, der Börse und Barrikade zu verschwistern suchte, für den 7. Juni 1863 den ersten Vereinstag deutscher Arbeiter nach der freien Stadt am Main. Bebel erschien als Delegierter des Leipziger Bildungsvereins auf diesem Kongreß und gewann hier die Freundschaft eines Mannes, dem er bis über das frühe Grab hinaus als einem der Besten Liebe und Verehrung bewahrte. Das war Friedrich Albert Lange, ein lauterer Charakter, ein ehrlicher Demokrat und, von ganz anderer Art als die Sonnemänner, ein aufrichtiger Freund der Arbeiter, der sich in seiner Schrift über die Arbeiterfrage redlich um das Problem ihrer Befreiung mühte, aber als weich und künstlerisch empfindendes Gemüt den Gedanken des unerbittlichen Klassenkampfes in seiner ganzen Nacktheit und Klarheit nicht zu erfassen vermochte. Auf dem Vereinstag wurde nach langen und meist leeren Debatten, an denen auch Bebel teilnahm, eine Resolution angenommen, die ganz in kleinbürgerlichem Sinne die Lösung der sozialen Frage von Konsum-, Spar- und Vorschußvereinen erwartete, wie Schulze-Delitzsch sie predigte, und den Bildungsvereinen den Beruf zusprach, durch maßvolle Leitung und Haltung den Arbeitern einen sicheren moralischen Boden in der bürgerlichen Gesellschaft zu erwerben. Wichtiger war der Beschluß, Arbeitervereinstage regelmäßig stattfinden zu lassen und die bestehenden Vereine nach Möglichkeit in Gauverbänden zusammenzufassen. Außerdem wurde ein ständiger Ausschuß eingesetzt, der die Verbindung aufrechtzuerhalten hatte. Unter Bebels Führung suchte der Leipziger Verein den Vorschlag, Gauverbände zu bilden, in die Wirklichkeit umzusetzen, aber der Minister von Beust machte die nachgesuchte Genehmigung von der Bedingung abhängig, daß die Vereine sich weder mit politischen und sozialen noch überhaupt mit öffentlichen Angelegenheiten beschäftigten. Eine von Bebel eingebrachte Resolution, die einstimmig angenommen wurde, warf dem Reaktionär sein

Gnadengeschenk vor die Füße, und so mußte auf die Gründung eines Gauverbandes verzichtet werden. Da der Arbeitervereinstag des nächsten Jahres in Leipzig stattfand, wurde Bebel zum Vorsitzenden des Lokalkomitees gewählt, ebenso zum stellvertretenden Vorsitzenden des Kongresses selbst, und als die Tagung beendet war, saß der Vierundzwanzigjährige auch in dem ständigen Ausschuß. Der Stuttgarter Vereinstag des Jahres 1865, auf dem Bebel einen kurzen und bündigen Vortrag über Speisegenossenschaften hielt, rief die Arbeiter für die Eroberung des allgemeinen, gleichen und direkten Wahlrechts auf die Schanzen, forderte das uneingeschränkte Koalitionsrecht und sprach sich für die Aufhebung der Wanderbücher und des Legitimationszwanges aus.

Bedeuteten diese Beschlüsse einen entschiedenen Ruck nach links und brachten sie die Arbeitervereine in allen praktischen Fragen der inneren Politik den Lassalleanern sehr nahe, so hatte auch Bebels Entwickelung nicht stillgestanden. Seit je war es seine Art, von den Dingen zu lernen und mit den Ereignissen zu wachsen. Seine Neigung zog ihn schon früh dorthin, wo Arbeiter dem Unternehmertum in unmittelbarem Kampf gegenüberstanden. Von den Streiks, die im Jahre 1865 losbrachen, weckte der Ausstand der Leipziger Buchdrucker die meiste Aufmerksamkeit. Wie hier Bebel im Auftrag Sonnemanns zwischen Kapital und Arbeit zu vermitteln suchte, so begrüßte er es mit besonderer Freude, als zu Weihnachten desselben Jahres in Gestalt des Tabakarbeiterverbandes die erste zentralorganisierte Gewerkschaft Deutschlands gegründet wurde. Schon im Jahre zuvor hatten sich die Bergarbeiter des Zwickau-Lugau-Stollberger Kohlenreviers zu einer Organisation, dem Bergknappenverein, zusammengeschlossen, und wie die Tabakarbeiter fanden auch sie einen lebhaften Fürsprech in Bebel.

Zu Bebels Selbstverständigung, durch die sich ihm das Wesen der modernen Gesellschaft mit ihrer schroffen Klassenscheidung und ihrem unaufhörlichen Klassenkampf offenbarte, trugen diese Arbeitskämpfe nicht wenig bei. Er machte sich seine eigenen Gedanken, als sich gerade die Wortführer des Liberalismus, die immer die Worte Volkswohl und Volksfreiheit wie einen Knödel im Munde herumdrehten, jetzt als die gehässigsten Feinde der um ein paar Pfennige Lohnerhöhung kämpfenden Buchdrucker entpuppten und auf der ganzen Linie das Interesse des gefüllten Kassenschrankes vertraten. Den Selbstverständigungsprozeß beschleunigte der Verkehr mit einem Manne, der, in demselben Jahre 1865 von Bismarcks Regierung aus Preußen ausgewiesen, nach Leipzig kam. Das war Wilhelm Liebknecht. Einer alten hessischen Gelehrtenfamilie entsprungen, hatte sich der heißblütige Akademiker mit zweiundzwanzig Jahren mit ausgebreiteten Armen in alle Strudel der achtundvierziger Revolution geworfen und hatte nicht nur am Schenktisch das schöne Flüchtlingslied gesungen mit dem schönen Kehrreim:

Raus, raus, raus und raus,
Revolution!
Hüah hoh und Hüah hoh,
Revolution!

sondern er hatte auch, ein wackerer Soldat der Revolution in Reih und Glied, in den Kämpfen der Reichsverfassungskampagne seine Flinte abgefeuert. Dieses Jahr 1848 blieb nun nicht nur das große Ereignis, sondern auch der Angelpunkt von Liebknechts Leben, und immer ein Soldat jener Revolution zu sein, war in Wahrheit seines Wesens Stärke und Schwäche, denn wie sie ihm den fröhlichen Tatenmut des Mannes auf den Weg mitgab, der wirklich einmal Pulver gerochen, so auch manche Ideologie, die ihm hier und da den Blick verschleierte. Nach dem kläglichen Ende der deutschen Erhebung hatte er in langen Flüchtlingsjahren in England vertrauten Umgang mit Marx und Engels gepflegt und sich von ihnen das Verständnis für die großen Fragen der Weltpolitik erschließen lassen. Als ihm dann 1860 die Amnestie erlaubte, den Fuß wieder auf deutschen Boden zu setzen, fand er einen Bekannten aus dem Revolutionsjahr namens Braß als Leiter der „Norddeutschen Allgemeinen Zeitung" wieder und trat, seiner Aufforderung folgend, in die Redaktion ein. Sobald er aber entdeckte, daß Braß, der Anno 1848 mit blutrünstigen Versen jeden Tag mindestens einen Tyrannen erdolcht hatte, jetzt Bismärckische Livree trug, warf er dem Ueberläufer den Redakteurposten hin und nicht lange, so hatte die preußische Polizei den Unbequemen, weil Unbestechlichen, auf den Schub gebracht. Entschlossener Sozialist und entschlossener Demokrat, der er war, trat Liebknecht dem Leipziger Arbeiterbildungsverein bei, zu dem sich der gewerbliche

Bildungsverein und der „Vorwärts“ damals verschmolzen hatten und dessen zweiter, dann erster Vorsitzender August Bebel war.

Für Bebel war die Bekanntschaft und Freundschaft mit Liebknecht ein Ereignis. Schon nach dem ersten Zusammentreffen mit dem Aelteren, Erfahreneren und Gebildeteren gab er seinen Eindruck kund: „Donnerwetter, von dem kann man was lernen!“ Und Lernen war ja für Bebel immer noch die große Zauberformel, die ihm selbst wie der ganzen Menschheit den Weg aus dem Dunkel ins Licht weisen sollte. So gab er sich freudig der Einwirkung und auch dem Einfluß des Soldaten der Revolution hin und nutzte die Gelegenheit, Wissensgebiete zu betreten, an die er sich vorher nicht recht herangewagt hatte. Aber mitnichten war das Verhältnis zwischen beiden so, daß der Aeltere den Jüngeren mit munteren Hammerschlägen vom Demokraten zum Sozialisten, insbesondere zum Marxisten geformt hätte. Denn einmal war Bebel Stahl und nicht Blei und ließ sich von niemandem die Form geben, sondern wandelte sich nur in der Weißglut innerer Auseinandersetzung, und zum zweiten hatte Liebknecht, dessen Geist immer ins Große und Weite strebte, aus der englischen Werkstatt der Altmeister Marx und Engels zwar den Sinn für die großen historischen Zusammenhänge auf dem Erdball mitgebracht, aber im einzelnen die marxistische Lehre seinem Freunde löffelweise einzugeben, war er zu viel Politiker und zu wenig Theoretiker. Was denn auch in Bebels Entwickelung zum Vorkämpfer der Arbeiterklasse die Entscheidung brachte, waren eigene Erfahrungen und innere Erlebnisse. Ringsum sah er, wie allen liberalen Volksbeglückungsplänen zum Trotz, die kapitalistische Wirtschaftsweise heute diesem und morgen jenem selbständigen Meister die Produktionsmittel aus der Hand schlug und ihn in das Riesenheer der Besitzlosen hinabstieß, und wie nimmer zu anderen Gesellschaftsschichten aufstieg, wer einmal im Proletariat angelangt war. Zudem erwiesen sich die fortschrittlichen Helden der preußischen Kammer mit jedem Tage mehr als bleiche Angstseelen, die vor Bismarcks Kürassierstiefel tapfer zurückwichen. Bebel wurde in seinem Mißtrauen gegen die liberalen Schaumschläger namentlich durch einen schlauen Antrag der Schulze-Delitzsch und Faucher im preußischen Abgeordnetenhause bestärkt, der scheinbar die Koalitionsfreiheit verlangte, in Wirklichkeit aber im Interesse der Kapitalisten dem Bären den Pelz wusch, ohne ihn naß zu machen. Doch wichtiger noch als die gerechte Entrüstung über solche liberale Treulosigkeit an den Arbeitern wurden für ihn die stillen Stunden, die er eifrig studierend über Lassalles Schriften zubrachte. Da er auf Schritt und Tritt die Lassalleaner im Allgemeinen Deutschen Arbeiterverein bekämpfte, hätte er es für eine Unredlichkeit gehalten, sich nicht mit den Werken ihres vergötterten Führers vertraut zu machen. Als er das erste Buch Lassalles aufschlug, dachte er sicher nicht daran, daß es ihn auf den Weg nach Damaskus führen werde. Aber er las und prüfte und las und prüfte wieder, und wenn ihn Lassalle in jener Versammlung nicht hatte hinreißen können, jetzt bezwang er ihn. Bebels Herz schlug schneller, denn die Sätze, die hier standen, waren richtig; die Folgerungen, die hier gezogen wurden, stimmten; die Rufe zum Kampf, die hier wie Trompetenstöße erschallten, mußten die Losung der Zukunft sein — Lassalle hatte recht und Bebel war Sozialdemokrat! Aber ehe er noch die Möglichkeit fand, die gewonnene Erkenntnis weiter auszubauen, donnerte wie eine Lawine der Krieg von 1866 daher und heischte Antwort auf dringende Fragen der unmittelbarsten Gegenwart.

Von der allgemeinen Ueberzeugung, daß die deutsche Einheit nur auf dem Wege der Revolution zu erreichen sei, schloß sich auch Bismarck nicht aus; aber während die Demokraten von Barrikaden und Straßenschlachten träumten, betrieb der entschlossene Junker, der dem dritten Bonaparte die Kniffe und Pfiffe seiner Politik abgeguckt hatte, kaltblütig die Revolution von oben. Mit dem Kriege gegen Dänemark hatte er die Lunte ans Pulverfaß gelegt; denn die gemeinsame Verwaltung von Schleswig-Holstein durch Preußen und Oesterreich bot so viele Reibungsflächen, daß der Böswillige einen Grund zum Losschlagen hatte, wenn er wollte. Er wollte 1866. Mit einem Tritt sprengte er den Bundestag zu Frankfurt auseinander, der längst bei lebendigem Leibe verweste, rannte die Oesterreicher in einem Kriege über den Haufen, in dem das Zündnadelgewehr über den Vorderlader obsiegte, wurde noch schneller mit den Trabanten Oesterreichs in Deutschland fertig, die alle auf eine Niederlage Preußens gerechnet hatten, zerschlug faulen Eiern gleich ein paar Kronen, deren jede so legitim war wie die Krone Preußen, heimste ein, was irgend einzuheimsen ging, und als dergestalt die Revolution von oben in wirbelnder Schnelligkeit wie eine wirre Schattenjagd an den Blicken der Zeitgenossen vorübergerast war, schien auch das Kaisertum der Hohenzollern kaum mehr anzweifelbar.

Unter den Demokraten, die der helle Zorn gegen die Bismärckische Vergewaltigungspolitik auf die Beine brachte, war auch Bebel. Während die sächsischen Liberalen sich mehr oder minder offen für Preußen erklärten und vor Ausbruch des Krieges gar Abrüstung des sächsischen Heeres forderten, potestierte eine von fünftausend Personen besuchte Volksversammlung in Leipzig gegen diese feigherzige Auffassung. Auch Bebel sprach und verhalf einer von ihm entworfenen Resolution zum Siege, die mit scharfer Spitze gegen die undeutsche Politik der preußischen Regierung ein „aus allgemeinen, gleichen und direkten Wahlen mit geheimer Abstimmung hervorgegangenes Parlament, unterstützt durch allgemeine Volkswehr“, forderte und erklärte: „Wir erwarten, daß im Falle eines deutschen Bruderkrieges, der nur dazu dienen kann, deutsches Gebiet dem Ausland in die Hände zu spielen, das deutsche Volk wie ein Mann sich erhebt, um mit den Waffen in der Hand sein Eigentum und seine Ehre zu vertreten.“ Auf fast die gleichen Grundsätze einigte sich eine Volksversammlung, die zu Pfingsten als Seitenstück zum Frankfurter Abgeordnetentag die Frankfurter Demokratie abhielt und zu der neben Professor Wuttke aus Leipzig Bebel eingeladen war. Gleichfalls saß er als Benjamin in einem zwölfköpfigen Ausschuß, der in der Versammlung gewählt worden war und in einem Programm dieselben Gedanken entwickelte wie die Leipziger Versammlung.

Auch der ständige Ausschuß der Arbeitervereine eilte am 10. Juni in Mannheim zu einer Sitzung zusammen, um sich über die brennend gewordene deutsche Frage auszusprechen. Nach einem hitzigen Hin und Her von Meinungen beschloß man einstimmig, sich der mittlerweile gegründeten Volkspartei anzuschließen, die namentlich den Kleinbürgern und Kleinbauern Süddeutschlands die Fahne eines antipreußischen Partikularismus vorantrug. Zugleich legte der Ausschuß der Partei nahe, in ihr Programm den Satz aufzunehmen: „Die materielle und moralische Hebung des Arbeiterstandes ist ein gemeinsames Interesse aller Klassen.“ Aber je mehr in Bebel

Lassalles Gedankensaat aufging, desto eifriger spähte er, der geborene Organisator, nach Möglichkeiten, im Zeichen des Sozialismus die Arbeitermassen zu machtvoller Organisation zusammenzuschweißen, und dies um so eher, als schon die bevorstehenden Wahlen zum Reichstag des Norddeutschen Bundes, der Schöpfung Bismarcks, diese Organisation zur dringenden Notwendigkeit machten. Allerdings wußte Bebel recht gut, daß ein großer Teil der in den Bildungsvereinen zusammengescharten Arbeiter noch nicht die Entwickelung durchgemacht hatte, die er selber hinter sich hatte, und war deshalb ihrer Ablehnung eines rein sozialdemokratischen Programms gewiß. Er konnte aber schon deshalb ein paar Pflöcke zurückstecken, weil vorderhand die Auflehnung gegen Preußens Oberherrschaft, die Zertrümmerung des Norddeutschen Bundes und die Demokratisierung Deutschlands als Ziele auch für ihn in erster Reihe standen. Noch weit mehr wie Bebel, den die Gedankengänge der sächsischen Demokratie zu dieser Anschauung geführt hatten, glaubte Liebknecht, den jahrelanger Aufenthalt im Ausland an deutsche Verhältnisse mitunter einen etwas unsicheren Maßstab anlegen ließ, an die vorübergehende Dauer des neuen Staatengebildes und wähnte, erst wenn die Krone der Hohenzollern zerschellt am Boden läge und die schwarz-rot-goldene Fahne über einem demokratischen Deutschland wehe, den Kampf für die Befreiung der Arbeiter mit Aussicht auf Erfolg aufnehmen zu können. Bei der Auflehnung gegen Preußen aber durfte man sich ruhig die Bundesgenossenschaft auch der nichtsozialistischen Arbeiter und der bürgerlichen Elemente gefallen lassen, soweit sie der Haß gegen die Farben schwarz und weiß vorwärts trieb. Das Programm, das denn eine von Bebel und Liebknecht nach Chemnitz einberufene sächsische Landesversammlung am 19. August 1866 beschloß, atmete keineswegs den Geist des proletarischen Klassenkampfes. Wenn es politisch die Einigung Deutschlands in einer demokratischen Staatsform verlangte und ein Kleindeutschland unter preußischer Führung ablehnte, so heischte es auf sozialem Gebiet unter anderem: „Förderung und Unterstützung des Genossenschaftswesens, namentlich der Produktivgenossenschaften, damit der Gegensatz zwischen Kapital und Arbeit ausgeglichen werde". Das war immer noch mehr Schulze-Delitzsch als Lassalle, wenn auch einigen Demokraten selbst diese Forderungen zu weit gingen. Auf das Programm dieser Sächsischen Volkspartei wurde Bebel im siebzehnten Wahlkreis, Glauchau-Meerane, im Februar 1867 in den konstituierenden Reichstag des Norddeutschen Bundes gewählt. Er hatte das siebenundzwanzigste Lebensjahr noch nicht vollendet. Im August desselben Jahres entsandte ihn der Kreis auch in den ersten richtigen Reichstag des Bundes — Liebknecht, Rechtsanwalt Schraps und Dr. Götz-Leipzig, damals noch Antimilitarist und Preußenfresser, später teutschnationaler Turnvater, waren die drei anderen Abgeordneten der Sächsischen Volkspartei.

Die sich überstürzenden Ereignisse des Kriegsjahres hatten den Zusammentritt des Arbeitervereinstages 1866 verhindert. Aber der Kongreß des Jahres 1867 in Gera, auf dem der junge Reichstagsabgeordnete über die Lage der Bergarbeiter sprach und sich für strengste Kontrolle der Bergwerksgesellschaften durch den Staat und für den Erlaß eines Haftpflichtgesetzes einsetzte, brachte insofern eine wichtige Entscheidung, als Bebels Organisationsgedanken durchschlugen. Der Verband der Arbeitervereine wurde aktionsfähig, indem an seine Spitze ein sechsköpfiger Vorstand mit einem besoldeten Präsidenten trat, und er wurde dreifach und zehnfach aktionsfähig, indem Bebel zum Präsidenten gewählt, Leipzig zum Vorort erkoren wurde. Jetzt stand Bebel am längeren Arme des Hebels. Jetzt hatte er die Möglichkeit, mit klugem Bedacht und leidenschaftlicher Begeisterung den Verein weiter zu drängen. Jetzt gab es kein Halten mehr. Schon auf dem nächsten Vereinstag, 1868 in Nürnberg, kam es zum Klappen. Im Jahre 1866 bereits war Bebel für seine Person Mitglied der Internationalen Arbeiterassoziation geworden, des über alle Länder verbreiteten Kommunistenbundes, dem Karl Marx und Friedrich Engels, beide in seinem Generalrat sitzend, das scharfe Gepräge des wissenschaftlichen Sozialismus gaben. Nunmehr schien es Bebel, um die Böcke von den Schafen zu trennen, an der Zeit, für den ganzen Arbeitervereinsverband dieses Bekenntnis zur Internationale wie eine Standarte aufzupflanzen. Auf seine Einladung erschien Eccarius als Vertreter des Generalrats auf dem ungewöhnlich gut besuchten Nürnberger Tag, aber auch die Anhänger der antiproletarischen und antisozialistischen Richtung im Verband hatten alle Kräfte angespannt. Sie kauten die alten Phrasen wieder, daß nur Verbreitung von Bildung und Erkenntnis zum Ziel führe und nicht die Teilnahme an der Politik. Doch berechtigter Hohn überschüttete die bare Bildungsvereinsmeierei, die nur unterrichten wolle, wie man Tintenklexe vertilgt, Ellipsen konstruiert und Französisch liest, und zum Schluß entschieden sich die Vertreter von 61 Vereinen gegen die von 32 für das Programm. Mit Stolz und Befriedigung konnte Bebel dieses Ergebnis überblicken. Der Tag von Nürnberg löste auch diesen Flügel der deutschen Arbeiterbewegung vom Gängelband der Bourgeoisie, „denn", sagte das Programm klar und deutlich, „die Emanzipation der arbeitenden Klassen muß durch die arbeitenden Klassen selbst erobert werden". Aber die bürgerlichen Demokraten stellten sich zum Teil taub gegen den schmetternden Fanfarenstoß, der zum Klassenkampf aufrief. Während die unterlegenen Vereine sich zu einem Bund zusammenfügten, der von vornherein das Zeichen der Verwesung an der Stirn trug, tat die Deutsche Volkspartei, als sei gar nichts geschehen. Diese Partei, deren Werbebezirk sich fast nur noch auf Süddeutschland, hauptsächlich Württemberg, beschränkte, wurde in der Politik immer mehr zu dem, was in der Literatur die schwäbische Dichterschule war: eine Sippe von braven Männchen, die, abgewandt von den eisernen Wirklichkeiten der Zeit, das schöne Wetter besangen, die Frühlingssonne, die Maienwonne, die Gelbveiglein und die Quetschenbäume. Bebels sachlich abschätzendem Blick mochte noch weniger als dem schwärmerischer angelegten Liebknecht die Artverschiedenheit entgehen, die die Vorkämpfer einer entschlossenen Arbeiterpolitik von diesen harmlosen Leutchen trennte; aber solange der Kampf in erster Reihe den Machthabern an der Spree galt, zwang die Notlage, mit ihnen aus einer Schüssel zu essen. Sie waren immerhin die letzten, die der geistigen Verpreußung des deutschen Bürgertums widerstanden, und auf ein republikanisches Hoch mehr oder weniger kam es ihnen nicht an. Bebel war denn zuweilen geneigt, diesen Bundesgenossen übertriebene Zugeständnisse zu machen, wie sich zeigte, als die sozialdemokratische Arbeiterpartei in Eisenach aus der Taufe gehoben wurde. Im „Demokratischen Wochenblatt", dem Vereinsorgan, an dem Bebel fleißig mitarbeitete, erschien am 17. Juli der Aufruf für den Kongreß, unterschrieben nicht nur von 114 Mitgliedern des Verbandes deutscher Arbeitervereine, sondern unter anderen auch von 66 ehemaligen Mitgliedern des

Allgemeinen Deutschen Arbeitervereins, die das diktatorische Verhalten des Vereinspräsidenten v. Schweitzer abgestoßen hatte. Auch die Vertreter von schweizerischen und österreichischen Arbeitervereinen hatten unterzeichnet. Von den Einberufern erhielt Bebel den Auftrag, die Vorbereitungen zum Kongreß zu treffen. Dazu gehörte notgedrungen — denn auf keinen Fall sollte das Werk scheitern — auch die Nachricht an die Polizei, daß die Lassalleaner den Plan gefaßt hätten, Skandal und Prügelei zu entfesseln und so den Kongreß zu vereiteln. Wirklich erschien Tölcke, ein immerhin etwas merkwürdiger Haudegen des Klassenkampfes, dessen Knüttel in Spießbürgerkreisen damals eine Entsetzen einflößende Berühmtheit genoß, an der Spitze einer radaulustigen Garde. Schon bei der Bureauwahl brach der Sturm los und statt der Gründung einer neuen Partei schien lediglich eine ungewöhnlich herzhafte Keilerei stattfinden zu sollen; aber der Vorsitzende Geib schloß den Kongreß und berief eine neue Tagung für den nächsten Vormittag in den „Mohren", von der, wie bereits im voraus für diesen Fall abgemacht, die Lassalleaner ferngehalten wurden und die auch ohne Störung verlief. Bebel, allen Zumutungen abhold, die neue Partei ganz in die Internationale aufgehen zu lassen, und als organisatorisches Genie tief durchdrungen von der Erkenntnis, daß eine rein internationale Organisation ohne nationalen Zusammenschluß nur ein Schatten bleiben mußte, empfahl das von ihm entworfene Organisationsstatut, das vor allem den Mißbrauch der Gewalt in der Hand eines einzelnen verhüten und doch ein einheitliches Handeln möglich machen sollte: Autoritätsglauben, blinden Gehorsam und Personenkultus erklärte er an sich für undemokratisch. Das Organisationsstatut wurde ebenso wie das Programm, das gleichfalls Bebel mit Anlehnung an die Beschlüsse von Nürnberg aufgestellt hatte, angenommen. Die Partei erhielt den Namen „Sozialdemokratische Arbeiterpartei", gegen Bebels Widerspruch, der mit Rücksicht auf die Bundesgenossen im bürgerlichen Lager es bei demokratisch-sozialistischer Partei belassen wollte, da auch viele Nichtarbeiter zur Partei gehörten. Der Verband der deutschen Arbeitervereine beschloß natürlich jetzt seine Auflösung und seinen Anschluß an die neue Partei.

Ein großes Werk war zustande gekommen, an dessen Gelingen sich Bebel bei aller Bescheidenheit den größten Anteil zuschreiben durfte. Eine lange Entwickelung war in eine kurze Zeitspanne zusammengedrängt: gewerblicher Bildungsverein, Verband der Arbeitervereine, sozialdemokratische Arbeiterpartei — ein Weg nach vorwärts war das und ein Weg nach aufwärts, und jede seiner Etappen war ein Sinnbild für den Reifegrad, den die Entwickelung der Arbeiterklasse zu sich selber erreicht hatte. Wie Bebel sich selbst gefunden, so hatte auch die Arbeiterklasse sich selbst gefunden und brannte darauf, das Schwert, das in Eisenach geschmiedet war, gegen die Feinde der großen Sache rüstig zu schwingen.

Aber noch richtete es seine Schärfe nicht nur gegen die herrschenden Klassen, sondern auch gegen die eigenen Klassengenossen; denn Lassalleaner und Eisenacher befehdeten sich jetzt erst recht mit einer oft häßlichen und immer tragischen Leidenschaftlichkeit. Mit all dem großen Haß, der seiner großen Liebe für die Sache der Unterdrückten die Wage hielt, haßte Bebel den Mann, der dem Allgemeinen Deutschen Arbeiterverein die Richtung wies: Jean Baptist v. Schweitzer. Es war wirklich nicht nur persönliche Abneigung, die Bebel in der Beurteilung seines Gegners fortriß bis zur schroffsten Ungerechtigkeit. Freilich klaffte zwischen dem Wesen der beiden Arbeiterführer ein nicht zu überbrückender Abgrund. Hier der wurzelfeste Mann aus dem Volke, dort der aus der Art geschlagene Sproß der Bourgeoisie; hier eine fast puritanische Lebensführung, dort der Hang für die leichten und leichtesten Freuden des Daseins; hier der glühende Idealist, dort der kaltherzige Materialist. Aber wenn auch alle moralischen Eigenschaften Schweitzers Bebel wider den Strich gehen mochten, so lag das Entscheidende für den Zwiespalt doch in der Verschiedenheit ihrer Taktik, und sie entsprach wieder dem verschiedenen Entwickelungsgrad der Arbeitermassen, die beiden folgten. Mit schärferem Blick als Bebel und Liebknecht erfaßte Schweitzer nach 1866 den Stand der Dinge. Er wußte, daß der Norddeutsche Bund kein flüchtiges Gebilde des Augenblicks, sondern die dauerhafte Vorstufe des Deutschen Reiches war und entschloß sich darum, statt Zeit und Kraft mit dem demokratischen Lärm gegen die preußische Spitze zu verzetteln, auf dem durch Königgrätz eingeebneten Boden den unverfälschten Klassenkampf gegen die Bourgeoisie zu führen. Daß er die

Dinge nahm, wie sie wirklich waren, mußte freilich Bebel und Liebknecht, die in der Zeit der Gründung des Norddeutschen Bundes weit mehr den antibismärckischen als den proletarischen Charakter ihres Kampfes hervorkehrten, als Verrat am demokratischen Prinzip und an der Sache der Arbeiter erscheinen. Und da nun Schweitzers Persönlichkeit wirklich alles andere war als ein Muster von katonischer Sittenstrenge, so mußte sich in beiden leicht die Ueberzeugung festsetzen, daß Schweitzer von Bismarck mit barem Gelde gedungen sei, um die Arbeiter ins Lager der Regierung zu führen. Ein Verräter an der Arbeitersache aber konnte der ganzen Verachtung und des ganzen Hasses Bebels sicher sein, und zu Unrecht mit dieser Verachtung und diesem Haß belastet, ist Schweitzer ins Grab gesunken; aber die historische Wertung der Dinge erklärt nicht nur diesen ungerechten Haß, sondern läßt ihn auch ehrend erscheinen, da er dem Idealismus eines ganz der Sache ergebenen Herzens entsprang. In diesem erbitterten Bruderstreit waren ja überhaupt nur allzu oft die Masse der Einschätzung hüben und drüben ins Willkürliche verschoben. In mancher Versammlung sprach Bebel in den folgenden Jahren, die in ein wildes Handgemenge zwischen Eisenachern und Lassalleanern ausartete, und wenn er sich nicht gegen die lächerlichsten Vorwürfe wie den, er sei ein Söldling des Exkönigs von Hannover, ausdrücklich zur Wehr gesetzt hätte, wären sie, so tief saß die Erbitterung, auf beiden Seiten, von den Gegnern für bare Münze genommen worden.

Nicht nur im Reichstage wirkte im Ausgang der sechziger Jahre Bebel, sondern er war auch in Sachsen für die Erringung des gleichen Wahlrechts tätig, hielt Versammlungen in seinem Wahlkreis ab, machte längere Agitationsreisen, leistete journalistische Arbeit und schrieb nebenbei noch eine Broschüre, „Unsere Ziele". Sie fußte im wesentlichen auf Lassalles Lehre und tat auch dem Andenken des großen Agitators Abbitte, „dem ich einstmals auch bitter Unrecht getan". Auch trug ihm eine Adresse an das spanische Volk, die er als Vorsitzender einer Versammlung zur Abstimmung gebracht hatte, wegen Verbreitung staatsgefährlicher Lehren vor dem Leipziger Bezirksgericht eine Gefängnishaft von drei Wochen ein, die erste einer langen Kette von Strafen, durch die sich die bürgerliche Gesellschaft an dem reinsten und lautersten ihrer Feinde rächte. Die unermüdliche Arbeit versetzte damals seiner Gesundheit einen harten Stoß und eine Zeitlang schien es, als sollte die Flamme, die hell und loh in diesem Kämpfer brannte, ihn früh verzehren.

Dazu hatte er sich 1864 mit einer kleinen Drechslerwerkstatt selbständig gemacht und lernte das ganze Elend des Kleinmeisters kennen; aber die sorgende Liebe seiner Frau half ihm auch über schlimme Stunden hinweg. Im Frühjahr 1866 war er nämlich mit der Tochter eines Leipziger Bahnarbeiters eine Ehe eingegangen, die ihm Jahrzehnte eines ungetrübten und ruhigen Glücks bescherte. Der Mann, den die Gegner bald als den zügellosen Hohenpriester einer schamlos frechen Liebe schmähten und dessen Liebesideal ein Treitschke als die „kotgeborene Göttin des Bordells" beschmutzte, fand in dem Frieden dieser Ehe die seltene Vereinigung von Wunsch und Erfüllung. Sein Julchen, die mit dem schlichten Zauber ihres Wesens alle Herzen gewann, war ihm durch Jahrzehnte eine treue Gefährtin in Kampf und Arbeit, und es flog ein lichter Schein über seine Züge, wenn er in einer Rede wohl gelegentlich einen Blick in seine vielbeneidete Häuslichkeit tun ließ: die beiden am Kaffeetisch, und gemeinsam sich belustigend über das dumme Zeug, das irgendein gegnerisches Blatt zum tausendsten Male über Bebel verzapft. Als sie 1910 von ihm ging, war es, als sei ein gut Teil seiner Kraft von ihm genommen. In den Lebenserinnerungen, die ihr gewidmet sind, ist ihr ein unvergänglicher Denkstein gesetzt: „Eine liebevollere, hingebendere, allezeit opferbereitere Frau hätte ich nicht finden können. Leistete ich, was ich geleistet habe, so war dieses in erster Linie nur durch ihre unermüdliche Pflege und Hilfsbereitschaft möglich."

Aber auch das Glück der jungen Ehe entriß Bebel nicht für eine Stunde mehr als vorher dem Dienst seiner Sache. Oft genug mußte er sein Geschäft vernachlässigen. Die Sache heischte es. So manchen Taler ließ er springen, der ihm nie ersetzt wurde. Die Sache verlangte es. Seine schwache Gesundheit litt unter den vielfachen Anstrengungen. Es geschah im Dienst der Sache. „Das Agitieren," bekennt Bebel in seinem Lebensbuch aus jenen ersten Jahren politischen Kämpfertums, „machte mir übrigens trotz aller Erfolge und

Beifallsbezeugungen wenig Vergnügen. Und wie lange habe ich es nachher noch betrieben. Die Pflicht gebot es, das genügte."

Die Pflicht gebot es. Ein Pflichtgefühl, unbeirrbarer als die Magnetnadel selbst, die doch leise Schwankungen zeigt, beseelte diesen Mann. Er ging ganz in der Sache auf. Das eigene Ich war ihm nichts, die Sache alles.

III.

Der Hochverräter.

Der Reichstag des Norddeutschen Bundes, dem ein kurzer konstituierender Reichstag voraufging, gab der deutschen Bourgeoisie die lang ersehnte Gelegenheit, sich unter hoher obrigkeitlicher Genehmigung, das will sagen unter Bismarcks Segen, in Deutschland einigermaßen häuslich einzurichten. Der Reichstag des Norddeutschen Bundes wies 1867 schon nahezu dieselben Elemente und Parteien auf wie das deutsche Reichsparlament vier Jahre später. Auf der äußersten Rechten betrachteten die preußischen Konservativen, ostelbische Großgrundbesitzer mit einem starken Anhang betörter Bauern, nicht ohne Mißtrauen Bismarcks „deutsche" Politik als ein Treiben, „das Deutschland fabriziert und Preußen ruiniert". Die Nationalliberalen, den Lenden des Nationalvereins entsprossen und stramme Vertreter der großen Industrie, sahen den Zukunftsstaat des Kapitalismus nahe herbeigekommen, in dem die ganze Menschheit geschieden ist in ein paar Handvoll ausbeutender Fabrikanten und in zahllose ausgebeutete Arbeiter. Kleinbürgerlich noch in ihrem Hauptteil, aber beträchtlich in die Bezirke der Bank und Börse hinübergreifend, fand sich auch die Fortschrittspartei bereits mit der neuen Gestaltung der Dinge ab, und wenn sie auch allzuscharfen Brutalitäten des Mannes von Blut und Eisen sich widersetzte, so begann sich doch schon das melancholische Schicksal an ihr zu erfüllen, das ihr der alte Demokrat Ziegler bei der Berufung Bismarcks prophezeit: „Er wird Euch einzeln am Arm aus der Kammer jagen oder, noch schlimmer, Euch behalten und entwürdigen.“ Was sich endlich, von den kleineren Parteisplittern zu schweigen, als Zentrum unter der gelb-weißen Fahne des Papsttums zusammenzufinden anfing, war, Bourgeois neben Kleinbauern, Großgrundbesitzer neben Arbeitern, sozial recht verschiedenen Ursprungs, wurde aber zusammengehalten durch den gemeinsamen Gegensatz zu Berlin, zum Großpreußentum und zum werdenden preußischen Kaiserreich. Fast alle diese Parteien hatten mit klangvollen oder wenigstens bekannten Namen aufzuwarten. Da drängten sich zusammen die Bennigsen und Miquel, Gustav Freytag und Rudolf Gneist, die Twesten und Waldeck, Windhorst und Malinckrodt, die Schulze-Delitzsch und Lasker, Max Duncker und Eugen Richter und wie sie alle hießen, die an Tagesruhm den jungen Drechslermeister August Bebel bei weitem überflügelten. Sie alle einte auch damals schon der Abscheu vor den revolutionären Tendenzen seiner Partei, denn als er im ersten Deutschen Reichstag einmal ahnungsvoll voraussagte, daß in Deutschland genau wie in Frankreich und andern Ländern sich die Vertreter der Bourgeoisie lieber in die Arme der reaktionärsten Regierung werfen würden, als sich in eine noch so schwache Verbindung mit der revolutionären Partei einzulassen, erscholl auf allen Seiten des Hauses ein aufrichtiges: Sehr richtig!

Vorderhand aber galt es im konstituierenden Reichstag des Norddeutschen Bundes zunächst einmal gegen die Gewaltpolitik aufzutreten, die mit Bruderblut die deutsche Einheit zusammenkittete. In seiner Jungfernrede am 10. April 1867 besorgte August Bebel das mit aller Klarheit und aller Entschiedenheit, nachdem ihn zweimal vorher ein Schlußantrag um das Wort gebracht hatte. Schon der erste Satz, daß es der preußischen Regierung keineswegs um die Einigung Deutschlands zu tun sei, sondern nur um die Stärkung der Hohenzollernschen Hausmacht, brachte die Rechte mit lebhaftem Widerspruch auf die Beine, aber unbekümmert fuhr der Redner fort, den Norddeutschen Bund nur als ein Großpreußen brandmarkend, das umgeben sei von einer Anzahl Vasallenstaaten, und nachdem er die Vermutung ausgesprochen, daß Preußen an dem Eintritt Süddeutschlands in den Bund gar nichts gelegen sei, schloß er:

Meine Herren, eine solche Politik zu unterstützen, dazu habe ich keine Lust, ich muß entschieden dagegen protestieren, daß man eine solche Politik eine deutsche nennt, ich muß entschieden protestieren gegen einen Bund, der nicht die Einheit, sondern die Zerrissenheit Deutschlands proklamiert, einen Bund, der dazu bestimmt ist, Deutschland zu einer großen Kaserne zu machen

(Lebhafter Widerspruch)

und den letzten Rest von Freiheit und Volksrecht zu vernichten. Meine Herren, aus diesen Gründen werde ich gegen den § 1 stimmen und schließlich gegen die ganze Vorlage.

Die von den Anwesenden Ohren hatten zu hören, glaubten zu vernehmen, wie der Sturmvogel der Revolution durchs Haus rauschte, aber die andern halfen sich mit Läppischkeiten und Mätzchen aus der Verlegenheit, und wer in der Folge dem Abgeordneten für Glauchau-Meerane entgegentrat, ob es nun der große Bismarck war oder der kleine Blum, keiner bekämpfte ihn anders, als daß er ihm die Worte im Munde herumdrehte und auf Anschauungen losschlug, die gar nicht Bebels Anschauungen waren. Früh schon erkannte man aber, daß dieser junge Vertreter einer, wie es schien, hoffnungslosen Minderheit in der Art, wie er die Klinge führte, ein reichlich vollwertiger Gegner war. Es saß wie ein Peitschenhieb, wenn er etwa den entarteten Sohn Robert Blums, der als reaktionärer Klopffechter auf Schritt und Tritt die Ideale seines Vaters verriet, in einer persönlichen Bemerkung abfertigte:

Wenn Herr Dr. Blum fragt, woher ich die Stirn nehme, solche Ansichten auszusprechen, so habe ich ihm darauf zu erwidern, daß ich die Stirn daher genommen habe, wo sie der noch heute so gefeierte Robert Blum, Vater des Abgeordneten Dr. Blum, hergenommen hat,

(Lebhafte Zeichen des Mißfallens rechts und große Unruhe. Bravo! links)

als er im Jahre 1848 für dieselben Prinzipien, die ich hier vertrete, eintrat.

Aber war es im konstituierenden Reichstag mit dem Widerspruch gegen die Berliner Politik abgetan, so stellte der erste Reichstag des Norddeutschen Bundes andere Aufgaben. Dabei warf sich ein grundsätzlicher Zwiespalt zwischen Liebknecht und Bebel auf. Der alte Soldat der Revolution, den Stollberg-Schneeberg mit einem Mandat betraut hatte, sah in dem Parlamentarismus von Bismarcks Gnaden nur einen mit dem Schaumgold der Phrase beklebten Theatermantel, unter dem Absolutismus und Klassenherrschaft ihre häßlichen Glieder und ihre Mordwaffen versteckten. Wer mit den Feinden parlamentelt, erklärte er, parlamentiert; wer parlamentiert, paktiert, und nach seinem Wunsch und Willen sollten darum die Abgeordneten der sächsischen Volkspartei den „Berliner Reichstag" nur betreten, um ihn sofort wieder mit einem Protest zu verlassen, ohne jedoch ihr Mandat niederzulegen. Anders Bebel. Hatte auch Liebknecht sich in England in die Gedankenwelt des britischen Trade-Unionismus eingelebt, so fühlte doch Bebel, der 1868 im Gegensatz zu den Gewerkschaften Schweitzerscher Richtung ein vorbildlich klares und zweckmäßiges Gewerkschaftsstatut entwarf und sich nicht nur deshalb mit ebensoviel Recht wie Stolz einen Geburtshelfer der deutschen Gewerkschaftsbewegung nannte, noch mehr aus der Seele des Arbeiters heraus, wie wichtig es war, auch Vorteile für heute und morgen herauszuschlagen. Ihm erschien darum das „Parlamenteln", blieben nur die Grundsätze unangetastet, als kein so schreckliches Uebel, sondern als ein recht annehmbares Mittel, solche Vorteile heimzubringen. Unter der Mißbilligung Liebknechts, aber einem Vorschlag von Friedrich Engels getreu, beschränkte sich denn Bebel im Norddeutschen Reichstag nicht darauf, den preußischen Militarismus als das Gegenteil der allgemeinen Wehrpflicht an den Pranger zu schlagen und mit guten Gründen für die Verkürzung der Dienstzeit einzutreten, sondern er saß auch in der Kommission zur Beratung der Gewerbeordnung und arbeitete hier fleißig mit. Es gelang ihm sogar, im Plenum einen Antrag, der die gesetzliche Verpflichtung zur Führung von Arbeitsbüchern aufhob, mit geringer Mehrheit durchzusetzen. Wenn er sich daneben für die Zuständigkeit der Gewerbegerichte bei Kündigungsstreitigkeiten ins Zeug legte wie für das Verbot des Trucksystems und der Beschäftigung von Kindern unter vierzehn Jahren in Fabriken und für ähnliche Forderungen, so stritt er meist Seite an Seite mit Schweitzer, der als Lassalleaner in Elberfeld-Barmen gewählt worden war. Auf dem Boden praktischer Arbeiterpolitik fanden sich die erbitterten Gegner. Auch im deutschen Zollparlament saß Bebel, machte in der Eröffnungssitzung als einer der vier jüngsten Abgeordneten den Schriftführer und sprach einmal gegen einen Tabaksteuergesetzentwurf und das andere Mal gegen den Zollvertrag zwischen Oesterreich und Zollverein.

Den kurzen Verhandlungen des Zollparlaments wohnte er aber nicht bis zum Ende bei, da ihn kein tieferes Interesse hier festhielt und außerdem seine persönlichen Verhältnisse nicht die besten waren. Ganz abgesehen von seinem Geschäft, das schwer unter seiner häufigen Abwesenheit litt, bezogen die Abgeordneten des Zollparlaments wie auch des Reichstags nicht nur keine Diäten, sondern mußten auch die Fahrt aus eigener Tasche bezahlen, und es blieb ein Elend, obschon die armen Teufel von erzgebirgischen Webern im siebzehnten sächsischen Kreise opfermutig das ihre taten.

Als 1869 der Baseler Kongreß der Internationale sich in einer Resolution auf die Notwendigkeit festlegte, auch das Eigentum an Grund und Boden in Gemeinbesitz zu überführen, ließ das allenthalben die Bourgeoisie heftig über die kommunistischen Enteigner auffahren und lärmen, und auch Liebknecht und Bebel, der dem Kongreß nicht beigewohnt hatte, waren, ihrer Bundesgenossen im bürgerlichen Lager wegen, von dem Beschluß nicht sonderlich erbaut. Aber während Liebknecht erklärte, mit der Baseler Resolution könne es jeder halten wie er wolle, sprach sich 1870 der Stuttgarter Jahrestag der sozialdemokratischen Arbeiterpartei, wie Bebel es anregte, für „die Ansicht" aus, daß die ökonomische Entwickelung den Gemeinbesitz an Grund und Boden zu einer gesellschaftlichen Notwendigkeit machen werde und forderte für das „Uebergangsstadium", daß man mit Staatsdomänen, Schatullengütern, Fideikommissen, Kirchengütern, Bergwerken und Eisenbahnen beginne. Aber ehe noch dieser kluge Schachzug, der dem Prinzip nichts vergab, ohne die Nichtkommunisten unmittelbar vor den Kopf zu stoßen, seine Wirkung erproben konnte, sah sich die junge Partei mitten in ein weltgeschichtliches Ungewitter gestellt, das mit Blitz und Hagelschlag ihre Saaten verheerte.

Anfang Juni fand der Kongreß statt, Mitte Juli marschierten schon diesseits und jenseits des Rheins die Regimenter. Mit dem deutsch-französischen Krieg schmetterte Bismarck den letzten Trumpf auf den Tisch in dem Spiel, in dem er sich vorgenommen, nach bonapartistischem Rezept Hohenzollern, Junker und Bourgeoisie unter einem Hut zusammenzubringen. Nicht zuletzt die süddeutschen Potentaten sollten ihres Souveränitätsdünkels entkleidet werden, indem der Krieg sie in die Zwangslage brachte, entweder wie einst die rheinbündischen Satrapen sich unter die Fittiche des napoleonischen Adlers zu flüchten oder an die preußische Pickelhaube Anschluß zu suchen. Gelang es aber Bismarck, den Krieg mit dem Schein der Volkstümlichkeit zu umgeben, dann blieb den süddeutschen Fürsten nur mehr die preußische Möglichkeit, denn gegen eine französelnde Politik wäre das Volk in Süddeutschland wie ein Mann aufgestanden. Indem Bismarck also mit gewohnter Schlauheit Napoleon in die Rolle des treulosen Angreifers und sich selbst in die des treuherzigen Verteidigers zu rücken wußte, entfesselte er wirklich eine Volksbewegung von unerhörter Wucht, wie sie selbst das Jahr 1848 nicht gesehen hatte. Nicht nur auf allen Leierkästen, sondern auch in allen Herzen klang die Wacht am Rhein, auf allen Bergen flammten die Opferfeuer der patriotischen Begeisterung, und aus dem Herzen der deutschen Demokraten heraus jubelte der Sänger, der in eisenklirrenden Versen einst die erste Fahnenwacht auf deutschen Barrikaden besungen, Ferdinand Freiligrath:

> Schwaben und Preußen Hand in Hand,
> Der Nord, der Süd, ein Heer!
> Was ist des Deutschen Vaterland —
> Wir fragen's heut nicht mehr!
> Hurra, hurra, hurra!
> Hurra, Germania!

Auf dieser wilden Flutwelle, die Bismarcks Galeeren zum Siege trug, schaukelte das Schiff der sozialdemokratischen Partei hin und her und drohte im nächsten Augenblick schon auf einer Klippe aufzulaufen oder an einem Felsen zu zerschellen. In den Organisationen waren die einen als Reservisten und Landwehrmänner zu den Fahnen berufen, die andern zum mindesten vom Kriegsfieber befallen worden. Da galt es, kühlen Kopf und ruhige Nerven zu behalten. Bebel und Liebknecht ließen sich auch nicht beirren, und wenn auch manche bange Zweifelsfrage über die einzunehmende Stellung an sie herantreten mochte, sie entschieden sich schließlich doch ohne Rücksicht auf die Gunst oder Ungunst der Stunde im Sinne der Grundsätze ihrer Sache. Zur Bewilligung einer Kriegsanleihe von hundertzwanzig Millionen Talern war der Norddeutsche Reichstag einberufen worden. Liebknecht wollte die Forderung in Bausch und Bogen ablehnen, aber auf dem Kreuzungspunkt Gößnitz, wo sie auf der Fahrt nach Berlin einen Aufenthalt von mehreren Stunden hatten, weil überall schon die Truppenzüge rollten, wußte Bebel Liebknecht zu einer richtigeren Haltung zu bestimmen. Am 21. Juli 1870 erklärten sie in einem motivierten Votum, sie könnten weder mit der Bewilligung der Anleihe der preußischen Regierung ein Vertrauensvotum ausstellen, die durch das Vorgehen im Jahre 1866 den gegenwärtigen Krieg vorbereitet habe, noch möchten sie durch die Verweigerung der geforderten Geldmittel den Schein hervorrufen, als billigten sie die frevelhafte und verbrecherische Politik Bonapartes:

> Als prinzipielle Gegner jedes dynastischen Krieges, als Sozial-Republikaner und Mitglieder der Internationalen Arbeiter-Assoziation, die ohne Unterschied der Nationalität alle Unterdrücker bekämpft, alle Unterdrückten zu einem großen Bruderbande zu vereinigen sucht, können wir uns weder direkt noch indirekt für den gegenwärtigen Krieg erklären und enthalten uns daher der Abstimmung, indem wir die zuversichtliche Hoffnung aussprechen, daß die Völker Europas, durch die jetzigen unheilvollen Ereignisse belehrt, alles aufbieten werden, um sich ihr Selbstbestimmungsrecht zu erobern und die heutige Säbel- und Klassenherrschaft, als die Ursache aller staatlichen und gesellschaftlichen Uebel, zu beseitigen.

Ganz Deutschland heulte auf ob dieser mutigen Tat der sozialistischen „Landesverräter“, um so mehr, als die Vertreter der Lassalleaner im Reichstag, in der Erwägung, daß die größere Schuld bei dem französischen Bonaparte liege, der Regierung die Kredite bewilligt hatten. Auch der in Braunschweig seßhafte Ausschuß, die oberste Behörde der Partei, rüffelte Bebel und Liebknecht mittelbar, indem er in einem Aufruf vom 24. Juli seiner Hoffnung Worte lieh, daß „Begeisterung und Mut unsere deutschen Brüder zum Siege führen“ würden, und tadelte nicht minder die Haltung, die unter Liebknechts Leitung das offizielle Parteiorgan, der Leipziger „Volksstaat“, einnahm. Das gab Mißhelligkeiten und Mißstimmung auf beiden Seiten. Während der Ausschuß Bebel und Liebknecht des verbissenen sächsischen Partikularismus verdächtigte, fuhr Bebel unwirsch den Ausschuß wegen seines „nationalen Paroxysmus“ an, und beide erwogen schon, ob sie ihre Mitarbeit am „Volksstaat“ nicht niederlegen sollten. Da kam Sedan und zerbrach nicht nur eine französische, schmiedete nicht nur eine deutsche Kaiserkrone, sondern kittete auch den Riß in der sozialdemokratischen Arbeiterpartei.

Was möglich war, solange es sich um eine Abwehr gegen den Friedensbrecher Bonaparte zu handeln schien, Meinungsverschiedenheiten über die Art des Krieges, das verflüchtigte sich mit dem Augenblick, der offenbar machte, daß Sedan einen zweiten Krieg, einen brutalen Angriffskrieg gegen das französische Volk zur Eroberung Elsaß-Lothringens einleitete. Einmütig war man jetzt in Braunschweig wie in Leipzig der Ansicht, daß nichts anderes als Friedensschluß mit der französischen Republik, Ersatz aller Kriegskosten, aber Verzicht auf jede Annexion von der sozialdemokratischen Partei gefordert werden müsse. Doch als am 5. September der Braunschweiger Ausschuß alle deutschen Arbeiter zu Kundgebungen gegen die Annexion Elsaß-Lothringens und für einen ehrenvollen Frieden mit der französischen Republik aufrief, ließ der General Vogel v. Falckenstein in Hannover die Ausschußmitglieder Bracke, Bonhorst, Spier und Kühn und den Buchdruckereibesitzer Sievers verhaften, mit Ketten beschwert, nach der ostpreußischen Festung Lötzen schleppen und dort in ungesunden Löchern unterbringen. Es ging jetzt hart auf hart. Andere Verhaftungen folgten, Geib in Hamburg, York in Harburg und Naters in Halberstadt wurden festgesetzt, in Sachsen alle Versammlungen durch die Militärbehörde untersagt und dazu gellte fast durch die ganze Presse das Hetzgeschrei gegen die Landesverräter.

Aber Bebel und Liebknecht behielten den Kopf oben. Wenn sie im Reichstag, der am 24. November zu einer kurzen außerordentlichen Session zusammentrat, diesen Standpunkt mit derselben Schärfe und Klarheit wie vordem vertraten, heulten die hurrapatriotischen Schreier um die Tribüne. Wie die Pest wurden die beiden in den Parlamentsräumen von der Mehrzahl der Abgeordneten gemieden und allen Ernstes sah man in ihnen nicht nur theoretische, sondern praktische Landesverräter, die nur darauf lauerten, die zahlreichen französischen Kriegsgefangenen in Deutschland zu befreien und mit ihnen entweder das Berliner Schloß zu stürmen oder den deutschen Truppen in Frankreich in den Rücken zu fallen. Aber wie Liebknecht, so ließ sich auch Bebel durch nichts anfechten: umsprüht von dem Geifer des Hasses, des Hohns und der Verachtung stand er unerschüttert am Rednerpult und sah in den lärmenden Haufen der Gegner hinab. Er fühlte sich mit Recht als einen so guten Deutschen und so echten Patrioten wie nur einer, denn, mochte ihm die internationale Gemeinschaft der Arbeiterklasse noch so sehr in Herz und Kopf sitzen, damals wie später widerstrebte er dem Gedanken, deutsches Volkstum, deutsche Sprache und deutsches Wesen in einem allgemeinen internationalen Urbrei aufgehen zu sehen. Aber unerschrocken riß er den Geschäftspatrioten, die sich mit ihrem Deutschtum in die Brust warfen, die Heuchlerlarve vom Gesicht, besonders in der stürmischen Rede vom 24. November, die anklagte:

Meine Herren, der deutsche Liberalismus als Vertreter des deutschen Großbürgertums, der Bourgeoisie, war es vorzugsweise, der mit besonderer Vorliebe für diesen Krieg eingetreten, mit der größten Begeisterung sich bereit erklärte, alle möglichen Opfer zu bringen und, meine Herren, was ist denn das wirkliche Resultat, soweit es materiell sich feststellen läßt: Sie haben vor vier Monaten eine Anleihe von 120 Millionen bewilligt und von den 100 Millionen, die später zur Zeichnung aufgelegt wurden, sind kaum 68 Millionen gedeckt worden und daran nehmen mehr als 50 000 Zeichner Anteil. Sie sehen also, meine Herren, daß der Patriotismus, der sich in den Zeitungen, den Stadtverordneten- und Gemeindekollegien, auf den Landtagen breitgemacht hat, in Wahrheit da, wo es sich um wirkliche Opferwilligkeit handelt, gerade bei den patriotischen Schreiern ein sehr geringer war. . . . Meine Herren, wenn nun ungünstige Nachrichten vorgelegen hätten, würden da wohl die Geldbeutel der so patriotisch Gesinnten eifriger aufgemacht worden sein? Ei Gott bewahre, sie würden sich noch weniger gezeigt haben, es würde noch viel trauriger gegangen sein und hier zeigt es sich ganz deutlich, daß zwischen Reden und Handeln ein großer Unterschied ist und daß wir in dieser Beziehung keine Ursache haben, auf das französische Volk von oben herab zu sehen. Nun, meine Herren, dieser Hinweis sollte auch dazu beitragen, daß wir uns nicht hier in neue Opfer stürzen, daß wir die Opfer nicht unendlich verlängern, Opfer, die doch nur dadurch hier aufgebracht werden können, daß diejenigen, die immer mit dem Patriotismus voraus sind in den Worten, erst abwarten, ob ihnen die nötigen Prozente auch in die Tasche fallen.

(Allgemeine Mißbilligung. Zischen. Ruf: Pfui! Hinaus! Hinaus mit ihm!)

Schamhaft verschwieg der stenographische Bericht die geballten Fäuste und die drohenden Gebärden, mit denen die Patrioten auf Bebel eindrangen, wie auch die Schimpfworte der Gosse, mit denen sie ihn überschütteten — sogar der rüde Ruf des Berliner Janhagels: „Haut ihm!“ erschallte bei dieser Gelegenheit, von dem parteiischen Präsidenten Simson ungerügt, in den heiligen Hallen des Parlaments. Bebel aber empfahl zum Schluß unbekümmert die Annahme eines von ihm und Liebknecht eingebrachten Antrages, nach dem der Reichstag die verlangte Geldbewilligung für die Kriegführung ablehnen und den Bundeskanzler auffordern sollte, „daß unter Verzichtleistung auf jede Annexion französischen Gebiets mit der französischen Republik schleunigst Frieden geschlossen werde“.

Keinem der beiden konnte zweifelhaft sein, was die nächste Zukunft im Schoß barg, und jeden Abend legten sich Bebel und Liebknecht mit der Aussicht nieder, in grauer Frühe von rohen Polizeifäusten aus dem Schlafe gerissen zu werden. Am 17. Dezember trat das Erwartete ein. Aus der Werkstatt heraus wurde Bebel, an demselben Tage wie Liebknecht und der „Volksstaat“-Redakteur Hepner, verhaftet und in das Bezirksgerichtsgefängnis überführt. In seiner schlecht geheizten Zelle fror er erbärmlich und mußte außerdem fortsetzen, was er von draußen her, freilich in anderer Art, gewohnt war, den Kampf gegen Ungeziefer. Die patriotischen Spießbürger frohlockten auf der ganzen Linie und nur eine kleine Probe der allgemeinen Spott- und Hohnstimmung war es, die sich in einem Hohensteiner Blatt in den schauerlich-schönen Versen entlud:

Napoleon und Bebel.
Er sitzt auf Wilhelmshöhe,
Er im Bezirksgericht.
Er hat sie in der Zehe
Und er im Kopf die Gicht.

Aber diesmal noch hatte die Freude kurze Beine. Nicht nur hielten bei den Wahlen zum ersten Deutschen Reichstag am 3. März 1871 die Glauchau-Meeraner Weber Treue um Treue und entsandten Bebel, der gegen die 4679 Stimmen seines Gegenkandidaten Schulze-Delitzsch ihrer 7344 aufbrachte, als einzigen wirklichen Vertreter der sozialdemokratischen Arbeiterpartei ins Parlament, sondern der Untersuchungsrichter hatte auch kein Arg an den wegen Hochverrats Verhafteten gefunden, und als noch im Reichstag über einen Haftentlassungsantrag für Bebel und Genossen gesprochen werden sollte, wurden sie, am 28. März, schon auf freien Fuß gesetzt.

Von der Gefängniszelle ging es ohne weiteres wieder in den Parlamentssaal. Noch schwieriger war jetzt Bebels

Stellung als im Kriegsjahr, denn da auf Schraps nicht mehr zu zählen war, stand er allein dem satten Haufen der herrschenden Klassen gegenüber, die sich unter der Dukatenflut des Milliardensegens so wollüstig dehnten wie in der griechischen Göttersage die Danae, als sie den goldenen Regen in ihrem Schoß empfing. In dem Taumel der angehenden Hochkonjunktur, der sich bald in den Gründerjahren zu den wildesten kapitalistischen Orgien auswachsen sollte, glaubte die Bourgeoisie ihre Herrschaft so fest wie auf des Meeres Grund verankert und sah in ihrem gedunsenen Uebermut mit einem Gemisch von Hohn, Mitleid und Geringschätzung auf den unverzagten Schwärmer, der mit heller Stimme in ihrer Mitte die Ansprüche der Hungernden anmeldete. Er war ja ein Einzelner nicht nur im Parlament, noch nicht der Führer, gestützt auf unübersehbare Arbeiterbataillone draußen, deren dumpfer Massenschritt, wenn er sprach, im Sitzungssaal zu widerhallen schien, sondern sein Rückhalt außerhalb des „hohen Hauses“ bestand in lichten Schützenschwärmen, deren Angriff auf die festgefügten Heereskörper der Gegner als tollkühner Wahnwitz erscheinen mußte. Ob Bebel deshalb seine Hoffnung in den Saal rief, noch vor Ende des neunzehnten Jahrhunderts alle Forderungen der Arbeiterklasse verwirklicht zu sehen, ob er als Folge der Annexion Elsaß-Lothringens ein immer steigendes Militärbudget voraussagte, ob er, praktischen Sinnes wie stets, die Mängel des Haftpflichtgesetzentwurfs aufdeckte, die Herrschaften, denen Guizots Aufforderung: „Bereichert Euch!“ als Stichwort des Tages galt, lachten, lachten und lachten.

Auf dem Pariser Rathaus hatte inzwischen nach dem schmählichen Friedensschluß die Kommune ihre rote Fahne aufgepflanzt, eine Erhebung, die ebensosehr kleinbürgerlichen wie proletarischen Ursprungs war und ebensosehr nationalen wie sozialen Wurzeln entsprang, aber mit vollem Recht von der Internationale anerkannt und verteidigt wurde. In den letzten Maitagen, als der Deutsche Reichstag den Gesetzentwurf über die Angliederung Elsaß-Lothringens an das Reich beriet, ging diese Kommune in Blut und Brand unter, Herr Thiers warf mit Unterstützung der deutschen Okkupationstruppen Bomben und Granaten in die eingeschlossene Stadt und viehischer denn reißende Raubtiere wüteten die Ordnungsbanditen, Männer und Frauen, Greise und Kinder würgend, in dem wiedereroberten Paris. Ein zuckender Wiederschein dieses Flammenbrandes fiel auch in den Deutschen Reichstag, denn Bebel, der sich schon wiederholt im Parlament mit Stolz zu der europäischen revolutionären Partei bekannt hatte, sprang am 23. Mai für die Kommune in die Bresche:

Meine Herren, mögen die Bestrebungen der Kommune in Ihren Augen noch so verwerfliche oder, wie gestern hier im Hause privatim geäußert wurde, verrückte sein, seien Sie fest überzeugt, das ganze europäische Proletariat und alles, was noch ein Gefühl für Freiheit und Unabhängigkeit in der Brust trägt, sieht auf Paris.

(Große Heiterkeit.)

Meine Herren, und wenn auch im Augenblick Paris unterdrückt ist, dann erinnere ich Sie daran, daß der Kampf in Paris nur ein kleines Vorpostengefecht ist, daß die Hauptsache in Europa uns noch bevorsteht und daß, ehe wenige Jahrzehnte vergehen, der Schlachtruf des Pariser Proletariats: Krieg den Palästen, Friede den Hütten, Tod der Not und dem Müßiggang! der Schlachtruf des gesamten europäischen Proletariats werden wird.

Als Bebel so über die verlästerten Toten der Kommune schützend das Fahnentuch der deutschen Sozialdemokratie breitete, brach wieder eine allgemeine Heiterkeit aus. Das wieherte, grunzte und johlte und trommelte sich dabei mit den Fingern das Heil dir im Siegerkranz auf dem vollen Bauch und keiner ahnte, wie bald ihnen allen das Lachen vergehen sollte. Einer nur sah mit ernsteren Augen drein und fing an zu begreifen, daß diese Partei, mochte kommen, was wollte, nimmer als Werkzeug reaktionärer Politik zu brauchen sei, und dieser eine war, Unheil sinnend, Bismarck!

In der zweiten Session des Deutschen Reichstags bewährte sich Bebel als entschlossenen Verfechter parlamentarischer Rechte gegen die Willkür des Präsidenten v. Simson. Der frühere Präsident der Frankfurter Nationalversammlung gefiel sich den Vertretern der Arbeiterpartei gegenüber in einer gewissen herablassenden Gönnerschaft und betonte gern, er lasse diesen oder jenen Ausdruck nur durch, weil es sich um den Sprecher einer winzigen Minderheit handele. Bebel aber wußte ihm gut aufzuwarten und setzte ihn etwa, als er bei den Debatten über die Kriegsanleihe im November 1870 Wortentziehung androhte, mit der trockenen Bemerkung auf den Sand, er nehme an, daß doch wenigstens im Reichstag kein Kriegszustand herrsche. Am 8. November 1871 rächte sich Simson dafür: Bebels Einschätzung der paar Dutzend deutschen Verfassungen, die das Papier nicht wert seien, auf dem sie geschrieben waren, ließ den Präsidenten das Haus wegen der Wortentziehung befragen; das Haus sagte Ja und der Redner mußte von der Tribüne. Aber er wehrte sich gegen diesen Gewaltakt, der aller Rechtsformen entbehrte, da der von der Geschäftsordnung verlangte zweimalige Ordnungsruf vor der Wortentziehung nicht gefallen war. Die halbwegs unabhängige Presse nahm entschieden Bebels Partei, die Geschäftsordnungskommission dagegen gab Simson Recht und schließlich einigte sich die Mehrheit auf einen Antrag Windthorst, der, nicht warm und nicht kalt, zwar von Simson als Mißtrauensvotum mit der Amtsniederlegung beantwortet, aber von Bebel nicht als Genugtuung betrachtet wurde. Da auch die Fortschrittler den bequemen Weg der Halbheit trotteten, kam, vor Zorn bebend, der alte Ziegler an Bebels Platz und sagte: „Hören Sie, Bebel, wir sind allesamt Schiffer! Bekommen Sie die Gewalt in die Hand, so hängen Sie uns samt und sonders an die Laterne!"

Neben der parlamentarischen Arbeit genügte Bebel seiner Aufgabe als Expedient des „Volksstaat" bei einem Gehalt von monatlich zwölf Talern und hatte die ganze Sorge für sein Geschäft zu tragen. Auch die Agitation stellte immer schärfere Anforderungen an ihn. Auf einem deutschen Webertag in Glauchau Ende Mai 1871 hielt er das Referat über die Lohnverhältnisse in der Weberei. Im August desselben Jahres sprach er auf dem Kongreß der Partei zu Dresden über die Forderung des allgemeinen, gleichen, geheimen und direkten Wahlrechts für die Landtags- und Gemeindewahlen. Im Januar 1872 führte er den Vorsitz auf der sächsischen Landesversammlung in Chemnitz, die auch die Frage des Wahlrechts für Landtag und Gemeinden erörterte. Das war in einer Zeit, als Staatsanwaltschaft und Polizei sich bereits mit einem lebhaften Kesseltreiben gegen die Partei vergnügten und die Gefängnisse von Sozialdemokraten nicht mehr leer wurden.

Auch Bebel und Liebknecht sollten jetzt, als die gefährlichsten Hetzer und Lästerer der bestehenden Staats- und Gesellschaftsordnung, auf lohendem Holzstoß brennen, und zwar schob Bismarck selbst manches Scheit in das Feuer hinein. Aber die Flammen des Scheiterhaufens leuchteten lediglich als Signal weit ins Land hinaus, denn der Hochverratsprozeß gegen Bebel, Liebknecht und Hepner, der im Sommer 1871 angezettelt und vor dem Leipziger Schwurgericht vom 11. bis 26. März verhandelt wurde, endete zwar mit der Verurteilung der beiden ersten Angeklagten zu je zwei Jahren Festungshaft, aber auch mit der vollendeten Blamage der Behörden. Auf der einen Seite der parteiische Vorsitzende, ein Herr v. Mücke, der Mann mit der kürzesten Stirne unter allen sächsischen Richtern, und ein Kollegium von zwölf Bourgeoisgeschworenen, die ihre Klassenbeschränktheit wie ein Brett vor dem Kopf trugen; auf der anderen Seite die Angeklagten, die unter Führung Liebknechts ruhig und sachlich ihre Meinungen entwickelten und so gar nicht dem blutrünstigen Eindruck entsprachen, den man sich aus der Spießbürgerpresse von diesen Revolutionären gemacht hatte. Auf der einen Seite die schreckhafte Vorstellung von blitzenden Heugabeln, auf der andern die klare Darlegung vom organischen Gang der Entwickelung und vom wahren Wesen der Klassenkämpfe. Auf der einen Seite ein Ragout von „Material", zusammengestückt aus Schriften, mit denen zum Teil weder Bebel noch Liebknecht noch Hepner das geringste zu schaffen hatten, auf der anderen Seite der fröhliche Nachweis, daß Denken, Fühlen und Handeln der Sozialdemokratie auch nicht im geringsten Hochverrat im Sinne des Strafgesetzbuchs war. Die ganze Weltanschauung des Sozialismus saß in Bebel und Liebknecht auf der Anklagebank und die ganze Weltanschauung des Sozialismus konnte zum erstenmal vor breitester Oeffentlichkeit ihre Fahne entfalten. Ob die bürgerlichen Blätter ihren Lesern noch so verzerrte Prozeßberichte vorsetzten, ganz vermochten doch die Nebel die Sonne nicht zu umschleiern, und zum erstenmal offenbarte sich zahllosen Köpfen durch die Verhandlungen etwas vom wahren Wesen der Sozialdemokratie. Wie der Ausgang des Prozesses den alten Demokraten Johann Jacoby bestimmte, sich offen zu der verfemten Partei zu schlagen, so mochte es mit vielen, vielen in Nord und Süd und Ost und West im geheimen gehen. Und diese propagandistische Wirkung des Prozesses, die der von tausend Versammlungen gleichkam, wog reichlich die zwei Jahre Festungshaft auf.

Vor dem Strafantritt schützte Bebel vorläufig noch sein Reichstagsmandat, in dessen Ausübung er am 19. Mai 1872 wider den täppischen „Kulturkampf" Bismarcks gegen das Zentrum vom Leder zog und das Jesuitenausweisungsgesetz bekämpfte als ein ungeheuerliches Gesetz, „wonach man einen Menschen heimatlos machen und wie ein wildes Tier von einem Orte zum andern jagen könne". Aber am 6. Juli 1872 erkannte das Leipziger Bezirksgericht wegen angeblicher Majestätsbeleidigung gegen ihn nicht nur auf neun Monate Gefängnis, sondern auch auf Verlust des Reichstagsmandats. Mochten die wackeren Glauchau-Meraner auch den Spruch der Leipziger Richter durch eine Neuwahl Bebels kassieren, die 4000 Stimmen mehr auf ihn vereinte als zwei Jahre zuvor, so fiel die Wahl doch erst in den Januar 1873, und am 8. Juli 1872 schon hatte er seine Haft in der Anstalt Hubertusburg angetreten, nicht, wie zu erwarten, auf der Feste Königstein, da sich hier keine Räume für Zivilgefangene befanden.

Nicht nur mit einem großen Vogelbauer, der als Geschenk eines Dresdener Freundes einen prächtigen Kanarienhahn enthielt, erschien Bebel in Hubertusburg, sondern auch mit einer gewaltigen Bücherkiste, denn er gedachte die erzwungene Ruhe zu nutzen, indem er die Lücken seiner Bildung ausmauerte. Nachdem er denn seine stark mitgenommene Gesundheit gekräftigt, stürzte er sich mit einer wahren Lern- und Arbeitsgier auf Marx, Engels und Lassalle, auf Stuart Mill, Laveleye, Dühring und Carey, auf Plato und Aristoteles, auf Thomas Moore und Machiavell, auf Darwin, Häckel und Büchner. Sein lebhafter Drang, gewonnene Kenntnisse nie brach liegen, sondern bald Früchte tragen zu lassen, trieb ihn, als er von Liebknecht neben der englischen auch in die französische Sprache eingeführt worden war, das Werk der Franzosen Guyot und Lacroix über die sozialen Lehren des Christentums zu übersetzen — er verfaßte auch eine Gegenschrift dazu — und die Beschäftigung mit Zimmermanns „Geschichte des deutschen Bauernkrieges" regte ihn zu einer volkstümlichen Behandlung derselben Epoche an. So gingen die Wochen und Monate bei den Arbeiten am Studiertisch wie bei der Tätigkeit in der frischen Luft des Gartens leidlich schnell dahin, und auch über seinen kurzen Aufenthalt auf Königstein und seine neun Monde in Zwickau hatte Bebel wenig Klage zu führen. Nur eines fraß an ihm, der Kummer, still sitzen zu müssen und in seiner Klause den sausenden Webstuhl der Zeit nur von fern zu hören, ohne mitwirken zu können und dabei zu sein.

Namentlich in der Arbeiterbewegung hatten sich inzwischen entscheidende Wandlungen vorbereitet. Was trennend zwischen

Allgemeinem Deutschen Arbeiterverein und Sozialdemokratischer Arbeiterpartei gestanden, war sachlich die verschiedene Auffassung der deutschen Frage und persönlich die Diktatur Schweitzers gewesen. Der Krieg hatte die sachliche Meinungsverschiedenheit, der Rücktritt Schweitzers vom Präsidium des Vereins den persönlichen Zwiespalt ausgelöscht, und jetzt drängte nicht nur die gemeinsame parlamentarische Arbeit zu einer Einigung der getrennt marschierenden Heerhaufen, sondern auch die Hetze der Verfolger, die beiden Flügeln der Sozialdemokratie gemeinsam galt. Als Bebel am 1. April 1875, dem sechzigsten Geburtstage Bismarcks, in die neudeutsche Freiheit entlassen wurde, waren die Verhandlungen zwischen Eisenachern und Lassalleanern schon weit vorgeschritten, und in der Tat einigte Ende Mai desselben Jahres der Gothaer Kongreß beide Teile auf ein Programm, das Karl Marx und Friedrich Engels nicht so ganz mit Unrecht als „unordentlich, konfus, unzusammenhängend, unlogisch und blamabel" verwarfen. Auch Bebel verschloß sich besserer Einsicht nicht, aber sein aufs Tatsächliche gerichteter Sinn hielt die Einheit der Partei für wichtiger als die Programmfrage. An Engels schrieb er, das Ganze sei eine Erziehungsfrage und es heiße Geduld mit Leuten haben, die in ganz anderm Geiste aufgewachsen seien, und wenn er wohl auch hoffte, daß die Praxis sehr bald die Mängel des Programms ausgleichen werde, sorgten schon die Gegner dafür, daß er Recht behielt.

Schon als der Siebenundzwanzigjährige in den Reichstag des Norddeutschen Bundes trat, war sein Name in vieler Munde, und jedes Jahr seiner Tätigkeit mehrte seinen Ruf bei Freund und Feind. Wohin Bebel kam, jubelten ihm die Massen als ihrem geborenen Führer zu, und mit derselben Hartnäckigkeit haftete ihm der Haß der Gegner an. Die Leipziger Studenten wollten ihm 1870 die Fenster einwerfen, und seine Anhänger hätten sich damals schon für ihn totschlagen lassen. Nicht nur seine glänzende Redegabe, die auch im andern Lager anerkannt wurde, verlieh ihm die schier zauberhafte Macht über die Herzen und Köpfe und machte ihn, trotz eines Marx, trotz eines Engels, trotz eines Lassalle, zum ersten großen Aufrüttler der deutschen Arbeiterklasse. Ohne alle Künstelei, klar und schlicht war diese Redekunst. Seine Worte trugen kein Prunkgewand, wenn er auf die Tribüne eilte, sondern, mochte sie Leidenschaft und Begeisterung noch so hoch über Irdisches hinaufreißen, stets das Kleid des Alltags, das zu den Massen sprach. Die Sätze folgten einander ohne Verschnörkelung und Verschlingung, jeder barg einen Gedanken und prägte ihn in die einfachste und wirksamste Form, und wenn sich diese klaren, schlichten, einfachen Sätze aneinander reihten, gab es einen Punkt, an dem jedes Wehren fruchtlos war. Napoleonische Strategie steckte in Bebels Reden: erst schmetterte er mit der schweren Artillerie der Tatsachen jeden Widerstand in den Köpfen zu Boden und schoß Bresche um Bresche in die Wälle der Gedankenfaulheit, und war das geschehen, so raffte er all sein Heeresvolk zusammen zum Sturmangriff und führte es, während die Hörner gellten und die Trommeln rasselten, zum Sieg.

Das Entscheidende lag auch nicht in seinem Temperament. Freilich, auf dieses Temperament kam viel an. Ob nun von dem Rhein her leichteres Blut in seinen Adern floß, ob aus des Vaters Heimat ihm etwas von dem schnelleren Lebensnerv der Slawen überkommen war, ganz gleich, er elektrisierte überall die bedächtigen und schwerblütigen deutschen Arbeiter. Dieses lohende Temperament ließ ihn mit nimmermattem Ungestüm die Schlafenden wecken, die Wachen beflügeln und die Säumigen vorwärts peitschen, und er blies erst dem zähen Erdenkloß, der damals vielfach noch das deutsche Proletariat war, den göttlichen Odem ein. Er packte es bei der Hand, zog es empor und sagte: Steh auf und handle!

Wenn aber sein Name schon damals in den Tälern der Armut wie eine Losung von Mund zu Mund weiter gegeben wurde, und wenn ihn das bedingungsloseste und unerschütterlichste Vertrauen der Massen hob, die er einmal gewonnen, so, weil sie alle fühlten, daß August Bebel der ihren einer war. Die Herren mit der akademischen Bildung in allen Ehren, die, von ihren Vorurteilen losgelöst, kamen, um die Striemen zu heilen, die dem Proletariat die kapitalistische Sklavenpeitsche schlug, doch hier stand einer, der selber Striemen trug. Hier stand einer, der, ein Kind der Masse, mit der Masse lebte und webte. Was er fühlte, fühlten alle, was er dachte, dachten alle, und was er sprach, das lag unausgesprochen auf den Lippen aller. Er war der Dolmetsch ihrer Leiden und Schmerzen, ihres Grolls und ihrer Sehnsucht, ihrer Hoffnung und ihres Glaubens. Dieser Glaube an seine Ideale und an die Zukunft des Sozialismus war neben dem lohenden Temperament das

Stärkste in Bebels Wesen. Dieser Glaube schwärmte gewiß nicht ins Blaue hinein, sondern erwuchs auf dem sichern Grunde marxistischer Erkenntnis vom Werden der Dinge, aber er war doch oft von einer fast religiösen Inbrunst durchglüht. Mit diesem Glauben konnte Bebel Berge versetzen, für diesen Glauben legte er die Hand unbedenklich ins Feuer, und mochte zehnmal die Enttäuschung statt der Erfüllung eintreten, und mochten auch die Gegner ringsum, die in Stunden der Einkehr doch seufzend von den Sozialdemokraten sagten: „Die *haben* noch den Glauben!", spotten und höhnen, er ließ nicht ab von der prachtvollen Kraft dieses Glaubens. Wie er von seinem Feuer den Massen mitzuteilen wußte, so flößte er ihnen auch von seinem Glauben ein, und immer tiefer trieb er, wie eine Eiche in den Mutterboden des Waldes, seine Wurzeln in ihr Vertrauen. Und wie sein Glauben, so war ihr Vertrauen nicht umzubringen. Als sich 1875, eifrig von den Gegnern genährt, das Gerücht verbreitete, Bebel wolle der Partei den Rücken kehren und sich ganz seinem Geschäfte widmen, fand es auch auf einem Arbeiterfest im Altenburgischen Glauben. Nur die Festteilnehmer aus dem siebzehnten sächsischen Wahlkreis schüttelten lächelnd den Kopf: sie kannten ihren Bebel, und eher kam der Weltuntergang als bei ihm die Fahnenflucht.

Dafür war er der Gegenstand nicht nur ihrer schwärmerischen Liebe, sondern auch ihres ungemessenen Stolzes. Als 1848 ein leibhaftiger Arbeiter in die provisorische Regierung der französischen Februarrepublik berufen wurde, stand Europa auf dem Kopf, doch von diesem Albert hatte dann niemand etwas mehr gehört. Hier aber war ein Proletarier, aufgestiegen aus den dunklen, lichtlosen Tiefen der Gesellschaft, nur mit der Bildung der Volksschule ausgestattet, noch weit entfernt vom Schwabenalter, und kreuzte mit Professoren und Advokaten, mit Geheimräten und Ministern so gewandt seine Klinge, daß auch die Gegner die Verblüffung ankam. Und dem Bann der ganzen Persönlichkeit erlagen auch begeisterungsfähige Herzen aus der bürgerlichen Welt. „Ich war selig", erzählt Eduard Bernstein von seinem ersten Zusammentreffen mit Bebel im Jahre 1872, „Bebel die Hand drücken zu können und doppelt beglückt, als ich mich der kleinen Gesellschaft anschließen durfte, die ihn nach seinem in der Lindenstraße belegenen Quartier begleitete.'

Der Hochverratsprozeß und die zwei Jahre, die der Staat den gefährlichen Unruhestifter unter Verschluß hielt, weiteten noch den Kreis von Bebels Volkstümlichkeit. Aber das war nicht der einzige und nicht einmal der wesentliche Vorteil der Hubertusburger Haft: sie stattete den „Hochverräter" außerdem mit neuem wissenschaftlichen Rüstzeug aus und steigerte so seine Gefährlichkeit für die herrschenden Mächte. Vor allem aber brachte die erzwungene Erholung von der aufreibenden Agitationsarbeit wie die gute Luft der Hubertusburger Wälder Bebels kranker Lunge — Vater und Mutter waren ja an der Schwindsucht gestorben! — die Heilung.

So erwies sich mit seinem Tendenzurteil gegen den „Hochverräter" wieder einmal der Klassenstaat als ein Teil jener Kraft, die stets das Böse will und stets das Gute schafft.

IV.

David und Goliath.

Im Jahre 1871 stellte eine Karikatur der von Stettenheim herausgegebenen „Berliner Wespen" Bebel als David dar, wie er mit der Schleuder zum Wurf ausholt, aber Goliath Bismarck, unerreichbar für den Stein, weil zu groß, beugt sich über den Kühnen und dreht ihm lustig eine Nase. Doch allgemach entschlug sich, angesichts des steten Wachstums der Arbeiterpartei, der Goliath des neuen Reichs seines neckischen Gebarens. Der Deutsch-Französische Krieg hatte, wie Karl Marx vorausgesagt, den Schwerpunkt der europäischen Arbeiterbewegung nach Deutschland verlegt und vollends nach der Vereinigung von Eisenachern und Lassalleanern marschierten, mochten Reibungen zwischen den Gegnern von eben auch nicht überall ausbleiben, die Kolonnen des Sozialismus munter vorwärts. Freilich mußte sich die Partei durch alles andere als durch einen Kuchenberg in das Schlaraffenland durchfressen, in dem ihre Siegesfahne einst auf den Trümmern der alten Gesellschaft flatterte, denn wie selbst weite Kreise der Intelligenz in der Sozialdemokratie eine Partei der sittlichen Verwilderung, der politischen Zuchtlosigkeit und des sozialen Unfriedens erblickten, so erschien sie noch immer breiten Massen nicht nur der Kleinbürger und Kleinbauern, sondern auch der Arbeiter als eine wüste Rotte, versessen auf das große „Teilen“ und danach lechzend, den auf jeden gefallenen Anteil des Nationalvermögens von heute auf morgen in Fusel umzusetzen. Aber das geistige Petroleum, das Audorf in einem fröhlichen Liede besang, erleuchtete doch immer mehr die Köpfe, zumal auf dem schaurigen Hintergrund der großen Wirtschaftskrise, die den Gründerjahren gefolgt war, und wenn auch von den Dreifüßen der bürgerlichen Presse herab hundertmal über den unaufhaltsamen Niedergang der Sozialdemokratie orakelt wurde, die Reichstagswahlen des Jahres 1877 taten dar, was es mit diesem Niedergang auf sich hatte. Waren bei den Wahlen von 1874 auf Lassalleaner und Eisenacher zusammen 351 000 Stimmen entfallen, so musterte jetzt die geeinte Partei ihrer 493 000 und zählte zwölf Abgeordnete, von denen Bebel in zwei Kreisen, in Glauchau-Meerane und Dresden-Altstadt, gewählt war. Er entschied sich für Dresden als für den gefährdeteren von beiden, aber wie auch fürder die Glauchau-Meeraner mit treuer Anhänglichkeit zu ihm standen, so gedachte auch er stets, und zwar mit der Tat, wenn es etwa Wahlarbeit galt, des Kreises, dem er sein erstes Mandat verdankte und den er ein volles Jahrzehnt im Parlament vertreten. Auf dem Gothaer Sozialistenkongreß im Mai 1877 wurde festgestellt, daß die Partei, neben dem neuen Zentralorgan, dem Leipziger „Vorwärts“ mit mehr als 12 000 Abonnenten, über 41 politische Zeitungen und 14 Gewerkschaftsblätter verfügte. Die Sozialdemokratie begann eine Macht zu werden, und selbst dem blödesten Spießbürger drang das zu Bewußtsein, als im Frühjahr 1878 viele Tausende von Arbeitern den verdienten Genossen Heinsch und Dentler durch die Straßen Berlins das letzte Geleit gaben, und als die reaktionäre Presse entsetzt aufschrie: „Wer spricht noch von Arbeiterbataillonen Berlins angesichts dieses Leichenaufgebots? Das sind Regimenter, Brigaden, Divisionen, ja mehr, das sind ganze Armeekorps!“ In diese Armeekorps vermochte auch die antisemitisch gepfefferte Agitation keinen Keil zu treiben, die der Hofprediger Stöcker damals unternahm: die Arbeiter rochen, daß der Speck, der ihnen hier mit verlockendem Duft angebrannt wurde, in einer Mausefalle steckte und wandten sich lachend von dem demagogischen Pfaffen ab. So blieb, um den Siegesmarsch des Sozialismus aufzuhalten, den Gewaltmenschen der Reaktion nur mehr die Gewalt und Bismarck, der mit der Einigung des Reichs seine historische Rolle ausgespielt hatte und mit seiner Politik jetzt immer unglückseliger daneben tolpatschte, war, ungeschlacht wie nur je ein Goliath, entschlossen, zuzuschlagen.

Schon 1875 ließ er durch seinen Handlanger Eulenburg dem Reichstag eine Verschärfung des Aufreizungsparagraphen unterbreiten, die sich eingestandenermaßen gegen die Sozialdemokratie richtete und die Eulenburg für nötig erklärte, wenn man vermeiden wolle, daß die Flinte schießt und der Säbel haut. Aber noch sprang der Reichstag nicht über den vorgehaltenen Stock. Es bedurfte ja keineswegs eines Ausnahmegesetzes, um, wie das Beispiel Tessendorf zeigte, mit drakonischen Strafen gegen die Sozialdemokraten zu wüten. Schon als Staatsanwalt in Magdeburg hatte Tessendorf danach gestrebt, den Bluthunden der Demagogenhetze von einst den Ruhm abzujagen, und prahlerisch seinen Willen kundgetan, die sozialistische Organisation zu zerbrechen. Zur Belohnung für seinen Eifer an das Berliner Stadtgericht versetzt, fand Tessendorf in den Richtern der berüchtigten siebenten Deputation willige Helfershelfer seiner finsteren Pläne. Ein tolles Treiben hub jetzt an. Es hagelte Anklagen, und wo früher die Gerichte freigesprochen hatten, setzte es Monate, wo sie Monate ausgeworfen hatten, Jahre Gefängnis. Am 12. Juni 1877 zollte auch Bebel der Tessendorferei seinen Tribut. Angeklagt wegen Bismarckbeleidigung in drei Fällen und wegen Verächtlichmachung der Armee — alles Delikte, die eine von ihm verfaßte Broschüre über die Tätigkeit des Reichstags enthalten sollte —, wurde er zu neun Monaten Gefängnis verurteilt, zu dreien weniger, als Tessendorf beantragt hatte. Das Kammergericht setzte die Strafe auf sechs Monate herab, von denen er anderthalb in Plötzensee und viereinhalb in Leipzig absaß. Von den acht Weihnachtsfesten, die Bebels einziges Töchterchen bis dahin erlebt, war es das fünfte, das der Vater, der Familie fern, hinter Gitterstäben verbrachte. Aber auch diese Monate hinter Schloß und Riegel verstrichen nicht fruchtlos: außer einem kleinen Schriftchen über „Frankreich im achtzehnten Jahrhundert“ schrieb er eine Broschüre, um das Reichsgesundheitsamt auf die sozialhygienischen Aufgaben hinzuweisen, deren Lösung das Volk mit Recht von dieser Behörde erwarten durfte.

Schon damals legte die Bismärckische Reaktion neben die Peitsche das Zuckerbrot. Dem Reichstag war in der Session, die im Oktober 1875 begann, ein Gesetzentwurf über die gegenseitigen Hilfskassen zugegangen, der die alte Mär vom sozialen Königtum der Hohenzollern aufwärmen sollte, aber lediglich bei den Arbeitern, die das Gesetz wie unmündige Kinder behandelte, lebhafte Unzufriedenheit wachrief. Besonders Bebel als Fraktionsredner in der Generaldebatte legte alle Mängel des Gesetzentwurfes bloß und stimmte schließlich, da alle sozialdemokratischen Verbesserungsanträge abgelehnt wurden, mit seinen Freunden gegen das Gesetz. Aber nicht müßig, schuf er sehr bald den bürgerlichen Reformfreunden das Rhodus, auf dem sie tanzen konnten, wenn sie nur wollten, und legte 1877 dem Reichstag einen Gesetzentwurf vor, den er gemeinsam mit Fritzsche ausgearbeitet hatte. Unter anderem forderte er Regelung der Gefängnisarbeit, Verbot der industriellen Sonntagsarbeit, Normalarbeitstag von neun Stunden, Verbot der Nachtarbeit, Verlängerung der Schonzeit für Schwangere und Wöchnerinnen, strengere Schutzmaßregeln für Arbeiterinnen und Lehrlinge, Sicherung und Erweiterung des Koalitionsrechtes und Einführung von Gewerbekammern und Gewerbegerichten. Aber wenn auch Bebel in eindrucksvoller Rede mit den Verleumdern des Sozialismus abrechnen konnte und insbesondere die Zentrumsheuchler auf den Sand setzte, stieß keiner dieser Anträge, aus denen laut und deutlich der Wille der Sozialdemokraten zu positiver Mitarbeit sprach, bei der bürgerlichen Mehrheit des Reichstages auf Gegenliebe.

Inzwischen drängten noch andere Erwägungen Bismarck zu einem Gewaltstreich in der inneren Politik. Das Wachstum der deutschen Bevölkerung und die Konkurrenz des amerikanischen Weizens hatten die junkerlichen Getreideproduzenten Ostelbiens aus entschlossenen Freihändlern zu ebenso entschlossenen Schutzzöllnern gemacht. Nicht minder schrie die Großindustrie, denen die Wirtschaftskrise den Absatzmarkt verbaut hatte, nach Schutzzöllen, und Bismarck war um so geneigter, beiden Wünschen zu willfahren, als bei der Schutzzollpolitik auch erkleckliche Summen, die dem Budgetrecht des Reichstags entzogen waren, in die Reichskasse klimperten. Aber da die Nationalliberalen, die stärkste Partei des Parlaments, nicht durch dick und dünn mitgehen wollten und den hingeworfenen Brocken eines Ministerpostens als zu gering ablehnten, mußten sie an die Wand gedrückt werden, daß sie quietschten. Darum kam dem Reichskanzler ein Halbidiot namens Hödel sehr gelegen, der am 11. Mai 1878 aus einem krummläufigen und ungefährlichen Revolver ein paar Schüsse in die Luft knallte, als gerade der Kaiser vorüberfuhr. Kaum hatte Bismarck die Nachricht in Händen, als er aus Friedrichsruh nach Berlin telegraphierte: Ausnahmegesetze gegen die Sozialdemokratie! Und mit einer Fixigkeit, die sonst der preußischen Bureaukratie fremd ist, wurde ein Sozialistengesetz ausgearbeitet und kam schon am 20. Mai an den Reichstag. Aber da sich auch beim bösesten Willen ein körperlich und geistig zerrütteter Wirrkopf wie Hödel nicht an die Rockschöße der Sozialdemokratie hängen ließ, warf der Reichstag den Entwurf in den Papierkorb.

Kurz nach diesem angeblichen Attentat wurde Bebel nach Ablauf seiner sechs Monate aus dem Gefängnis entlassen. Aber als er am 2. Juni, einem Sonntag, von einem Spaziergang mit Frau und Kind ruhig und friedlich nach Hause zurückkehrte, überraschte ihn die Nachricht, daß am Nachmittag Unter den Linden ein Dr. Nobiling den Kaiser durch Flintenschüsse schwer verletzt habe. Zwar war auch dieser entartete Sproß einer Bourgeoisfamilie alles andere als ein Sozialdemokrat, und zu seiner sinnlosen Tat wohl nur durch den herostratischen Wunsch gereizt worden, wie Hödel in aller Munde zu sein. Aber was kommen würde, darüber war sich Bebel klar, als noch in der Nacht ein amtliches Telegramm die freche Lüge ins Volk streute: Nobiling, der in Wahrheit mit einer Kugel von eigener Hand im Kopf vernehmungsunfähig daniederlag, habe sich beim Verhör zum Sozialismus bekannt. In der Tat gelang es Bismarck und den Seinen, damit wahre Delirien des Sozialistenhasses und der Sozialistenwut zu entketten. Nobilings Schrotschüsse schienen jeden Sinn für Recht und Gerechtigkeit bei den Behörden wie in den herrschenden Klassen zu Boden gestreckt zu haben. Wer nur im Ansehen sozialdemokratischer Gesinnung stand, war schlechthin vogelfrei. Die Majestätsbeleidigungsprozesse schossen üppig ins Kraut. Wie eine Seuche verbreitete sich ekles Denunziantentum, und die Richter schwelgten in barbarischen Strafen. Liberalen Blättern, die eine Statistik der

Majestätsbeleidigungsprozesse begonnen hatten, ging über dem Zählen der Atem aus: in einem Monat wurden über 500 Jahre Gefängnis ausgeworfen. Auch das deutsche Spießbürgertum verfehlte die Rolle des Affen nicht, der sich zum Tiger wandelt. Bebel, der für sein allmählich aufblühendes Drechslergeschäft in Ißleib einen wohlhabenden Teilhaber gefunden hatte und selber in der Hauptsache als Reisender tätig war, wurde auf einer Geschäftsreise nach Norddeutschland und dem Niederrhein Zeuge von den Wutorgien dieses aufgestachelten Spießbürgertums. Unter angenommenem Namen mußte er sich in den Hotels eintragen, um überhaupt einen Unterschlupf zu finden. In der Wirtsstube hörte er nur allzu oft die Stammgäste sich in den wildesten Schmähungen gegen seine Partei und seine Person ergehen, und Bestellungen, die er auf die Erzeugnisse seiner Firma, Türklinken und Fenstergriffe aus Horn, schon erwirkt, wurden zurückgezogen, sobald die Besteller seinen Namen erfuhren. So deckte die Reise nicht einmal die Spesen, obwohl er, auch hier ein Vorbild eiserner Pflichterfüllung, aus Sparsamkeit seinen schweren Musterkoffer bei Regen und Sonnenhitze straßauf straßab selber schleppte.

Um seines Zieles ganz sicher zu sein, löste Bismarck den Reichstag auf, und bei den Neuwahlen schwenkten seine Wahlmacher den roten Lappen so lange, bis er den Spießbürgern als der Feuerschein brennender Städte erschien. Die Reaktion ging denn auch aus diesen Wahlen gestärkt hervor; aber während der Liberalismus, wie es Bismarcks Absicht war, dreieinhalb Dutzend Mandate einbüßte, musterten die Sozialdemokraten, zur sehr geringen Freude aller Scharfmacher, noch immer 437 000 Stimmen und zählten neun Abgeordnete. Auch Bebel siegte wieder in der Stichwahl in Dresden, und am 16. September sprach er als erster Fraktionsredner für die „Partei der Kaisermörder", wie verleumderischer Haß sie jetzt gern nannte, gegen das Gesetz, das die „gemeingefährlichen Bestrebungen der Sozialdemokratie" treffen sollte. Der Nachweis fiel ihm nicht schwer, daß das Gesetz bestimmt sei, nicht nur die politische Partei zu zerschmettern, sondern die ganze Arbeiterbewegung zu lähmen, und seinen Urheber setzte er in beträchtliche Verlegenheit, indem er an die sechziger Jahre erinnerte, in denen Bismarck mit Lassalle und der proletarischen Revolution durchaus nicht platonisch liebäugelte. Der

Kanzler mußte am folgenden Tage seine Gespräche mit dem Gründer der deutschen Sozialdemokratie zugeben, aber er suchte dem Reichstag aufzubinden: er, der vielbeschäftigte Minister, habe sich mit Lassalle nur um des geistreichen Plauderns willen Stunden um Stunden unterhalten, und wenn es hoch kam, um sich über seine Ziele zu unterrichten. „Ich würde auch," fügte er mit mißlungenem Scherz hinzu, „wenn Herr Bebel den Wunsch hätte, sich abends mit mir zu unterhalten, ihm nicht ausweichen; ich würde daran vielleicht die Hoffnung knüpfen, daß ich endlich auch erführe, wie Herr Bebel und Genossen sich den Zukunftsstaat, auf den sie uns durch Niederreißen alles dessen, was besteht, was uns teuer ist und schützt, vorbereiten wollen, eigentlich denken." Aber mochten die Gründe, mit denen die Sozialdemokraten kämpften, noch so gut und die ihrer Gegner noch so billig sein, nicht um Gründe ging es hier, sondern um Gewalt: am 19. Oktober entschied sich der Reichstag in namentlicher Abstimmung mit 221 gegen 149 Stimmen für Bismarcks Ausnahmegesetz. Unter die staatsbürgerliche Aechtung der Arbeiterpartei war das parlamentarische Siegel gesetzt.

Die zwölf Sturmjahre der Partei hoben an, aber auch die zwölf Heldenjahre. Wenn auch auf den ersten Augenblick Verwirrung ihre Reihen erschütterte, als bis auf zwei sämtliche sozialdemokratischen Blätter verboten, sämtliche sozialdemokratischen Unternehmungen geschlossen, sämtliche sozialdemokratischen Organisationen zersprengt wurden, bald schon hatten die Bataillone unter der roten Fahne mitten im Feuer gleichen Tritt gefaßt und marschierten, den Bismarck, Eulenburg und Puttkamer zum Hohne, rüstig weiter. Freilich fielen Opfer unerhört. Aber ob von den Anhängern der großen Sache unter dem Druck des Sozialistengesetzes so mancher sich wieder zu den Fleischtöpfen der bürgerlichen Gesellschaft zurückschlich, ob so mancher andere, im Gefängnis von Bismarcks Schergen gefoltert, durch Selbstmord endete oder in Irrsinn verfiel, ob endlich viele, wie einst in den Tagen der Demagogenjagd, ihren Stab über das große Wasser nach Amerika setzten, die Hauptmassen des Heeres blieben davon unberührt. Da anfangs auf deutschem Boden jeder Zusammenhang fehlte, schuf man sehr bald im „Sozialdemokrat" ein Organ, das in Zürich, von Bernstein geleitet und von dort durch Mottelers „rote Feldpost" munter über die Grenze geschmuggelt und im ganzen Reich verbreitet wurde, zum wilden Aerger der Spitzel, die, wenn sie eifrig nach dem Blatte fahndeten, stets um eine ganze Nasenlänge geschlagen wurden.

Nur durch die ineinander greifende Arbeit der zahllosen Parteigenossen, die, ruhmlose Helden, ihren Namen nie aus dem Dunkel hervortreten sahen, wurde der glänzende Widerstand gegen das Schandgesetz möglich, aber mehr wie je kam es jetzt auch auf die Haltung der Führer an. Hier nun, wo er Wind und Wetter gegen sich hatte, konnte Bebel seine Feldherrngaben am prächtigsten erproben. In der Luft des Ausnahmegesetzes, in der gewissermaßen die Gesetze der natürlichen Perspektive nicht mehr galten, konnte auch ein scharfer und geübter Blick an dem Richtigen vorbei sehen, und zwei Abweichungen von der geraden Linie, auf der man bislang marschiert war, lagen verlockend nahe. Nicht immer die schlechtesten Kämpfer waren es, deren Nerven dieser mit allem Raffinement ausgeübten Menschenjagd auf die Dauer nicht widerstanden und die, wie Hillmann und die Gebrüder Kapell, von der Verzagtheit übermannt, ihren Degen zerbrachen. Und wiederum waren es nicht die schlechtesten Kämpfer, deren Nerven in anderer Art versagten, und die der rohen Gewalt mit roher Gewalt antworten wollten, und wie Johann Most in seiner Londoner „Freiheit" einem Hödel und Nobiling den Lorbeer um die Stirn wanden und nach Dynamit und Dolchen schrien. Aber Bebel, geleitet von seinem untrüglichen proletarischen Gefühl, vermied jede Abweichung von dem eingeschlagenen Wege nach rechts oder links. Ueber seinen kühnen Mut hatte die Verzagtheit keine Macht. Wenn der Akademiker Lassalle in den wenigen Monden seiner aufrüttelnden Tätigkeit oft mit Ungeduld, manchmal mit Ekel und immer mit Verständnislosigkeit die häufige Halbheit und Gleichgültigkeit in den Arbeitermassen wahrnahm, so hatte Bebel schon früher diese Eigenschaft als eine geschichtliche Erscheinung einzuschätzen gewußt, und deutete auch jetzt die Zeichen augenblicklicher Schwäche richtig. Die stete Fühlung mit den Massen wirkte auf ihn wie die Berührung mit der Mutter Erde auf den Antäus, der, auf den Rücken geworfen, von dem Boden her frische Kraft empfing und stets doppelt stark wieder aufsprang. So half auch Bebel sein unerschütterlicher Glaube über schlimme Stunden hinweg, die Sache, deren Farben er trug, mußte, mußte, mußte siegen und im hellsten und fröhlichsten

Kämpfertrotz rief er im Reichstag den Widersachern zu: „Ihre Waffen werden in diesem Kampfe zersplittern wie Glas am Granit!“ Daneben galt es, sich im guten und bösen dem Sozialistengesetz anzupassen. Als im August 1880 die Vertreter der deutschen Sozialdemokratie auf Schloß Wyden in der Schweiz zum ersten Parteitag unter dem Ausnahmegesetz zusammentraten, wurde auf Bebels Antrag an der Stelle des Gothaer Programms, die den Kampf der Partei mit gesetzlichen Mitteln betonte, das Wort gesetzlich gestrichen, nicht etwa, weil man zu den Heugabeln greifen wollte, sondern weil unter dem Ausnahmezustand die Verpflichtung auf gesetzliche Mittel die Partei an Händen und Füßen gebunden dem Feinde auslieferte. Wollte man überhaupt leben und atmen, so mußte ja in der Minute sechzigmal dem Gesetz ein Schnippchen geschlagen werden. Aber mit demselben Nachdruck fuhr Bebel der kindischen Revolutionsspielerei der Most und Hasselmann in die Parade, sprach scharf und energisch für ihren Ausschluß aus der Partei und lehnte auch im Reichstag die Taten der russischen Nihilisten ab, in der rechten Erkenntnis, daß aller Flinten- und Barrikadenschnickschnack nur der Reaktion Wasser auf die Mühlen treibe.

Da aber Marx und Engels aus der Ferne den falschen Eindruck gewannen, als mausere sich die proletarische Revolutionspartei unter dem Einfluß des Sozialistengesetzes zu einer bürgerlichen Reformpartei, machte sich im Dezember 1880 Bebel in Begleitung Bernsteins auf den Weg nach London, um den Altmeistern des wissenschaftlichen Sozialismus reinen Wein einzuschenken. Von der tiefsten Ehrfurcht für diese Großen war Bebel beseelt. Den ersten Band des „Kapital“ studierte er in seiner Hubertusburger Haft schon zum zweiten Male, und obwohl er selbst einst im „Volksstaat“ ein Werk des Professors Dühring empfehlend angezeigt hatte, erkannte er doch im Gegensatz zu einem Schwarm entrüstet schimpfender Parteigenossen, mit wieviel Recht Engels 1877 in seiner „Umwälzung der Wissenschaft“ Dühring als einen größenwahnsinnigen Hohlkopf abstrafte. Diese Schrift von Engels öffnete Bebel das Verständnis für die feinsten und letzten Verästelungen der marxistischen Weltanschauung. Da er jetzt den beiden zum erstenmal gegenübertreten sollte, kam es ihm ein wenig wie ein Kanossagang vor, aber es wurde alles andere. Marx und Engels, die den Menschen durch Kleider und Lappen ins Herz zu schauen verstanden, erkannten sofort die seltenen Eigenschaften des seltenen Mannes, behandelten ihn vollkommen als einen Gleichen unter Gleichen und mühten sich mit rührender Sorgfalt, ihm den Aufenthalt in der englischen Hauptstadt so angenehm wie möglich zu machen. „Ein ganz famoser Kerl!" lautete das Urteil von Engels, das jedes folgende Jahr nur bestätigte und bestärkte. Bebel fasse, meinte Engels, den entscheidenden Punkt immer richtig an und er selber entschließe sich erst dann über eine Frage der deutschen Parteitaktik, wenn er Bebels Meinung darüber eingeholt, und Marx schrieb, als im September 1882 die falsche Nachricht von Bebels Tod nach England gelangte: „Es ist entsetzlich; das größte Unglück für unsere Partei! Er war eine einzige Erscheinung innerhalb der deutschen, man kann sagen, innerhalb der europäischen Arbeiterklasse." Nach seiner Londoner Reise pflegte Bebel regen Briefverkehr mit Marx und Engels, aber er sah zu ihnen nicht wie zu Götzenbildern mit scheuer Demut auf, sondern alle Ehrfurcht hinderte ihn nicht, ihren Ratschlag, wenn er ihn für irrig hielt, beiseite zu legen und nach eigenem Ermessen zu handeln.

Der mündlichen Agitation außerhalb des Parlaments hatte das Ausnahmegesetz einen festen Maulkorb vorgebunden. Selbst über seine Tätigkeit als Reichstagsabgeordneter durfte Bebel den Dresdener Wählern nicht in einer Versammlung berichten, sondern mußte in einem Flugblatt Rechenschaft erstatten, das eines schönen Sonntags von sieben bis neun Uhr morgens, ehe die Polizei mit plumper Faust zutappen konnte, lautlos und flink in 30 000 Exemplaren verteilt wurde. Um so willkommener erschien gerade in dem Jahr nach Erlaß des Sozialistengesetzes ein Buch Bebels, das, wennschon sofort verboten, seine Werbekraft weithin trug: es hieß „Die Frau und der Sozialismus". Als Bebel in Leipzig in die moderne Arbeiterbewegung hineinwuchs, regte es sich schüchtern in der bürgerlichen Frauenwelt. Den Verhandlungen des ersten deutschen Frauenkongresses im Frühjahr 1865, die mit der Gründung eines Allgemeinen Deutschen Frauenvereins schlossen, wohnte er als Gast mit regem Interesse bei, denn schon damals lebte er sich in die Wahrheit des Satzes ein, den der französische Utopist Fourier geformt: Der Grad der weiblichen Emanzipation ist das natürliche Maß für die allgemeine Emanzipation. In der Folge begrüßte er es stets mit besonderer Freude, wenn er in seinen Versammlungen Frauen zahlreich entdeckte oder wenn sie gar als öffentliche oder heimliche Agitatorinnen für den Sozialismus auftraten. Mit seinem Buche, mit dessen Vorstudien er schon in der Hubertusburger Haft beschäftigt gewesen, trat er jetzt zum Kampf aufrufend an die Frauen heran. In diesem Werke, das eine ungeheure Stoffülle mit Sicherheit und Sachkenntnis verarbeitete und Medizin, Naturwissenschaften, Recht, Statistik, Geschichte, Landwirtschaft neben anderen Wissensgebieten in den Kreis seiner Erörterungen zog, stieg Bebel an die Quellen herab, aus denen in der Urzeit, bei Ablösung des Mutterrechts durch das Vaterrecht die Rechtlosigkeit des Weibes floß, und führte an der Hand des historischen Materialismus durch die Jahrhunderte bis zur Gegenwart, deren Fäulnis er mit unerbittlichem Scheinwerfer bestrahlte. Ganz von selbst entsprang dieser mit Beweisen und Zahlen gespickten Darlegung der Schluß, daß nur die Sozialisierung der Gesellschaft wirklich die Befreiung der Frau verbürgt. Mochten die Zopf- und Zunftgelehrten ärgerlich spötteln über das „durch und durch unwissenschaftliche Buch", in seiner Wirkung schlug es tausend „wissenschaftliche" Scharteken aus dem Felde, denn es war mehr als Papier und Druckerschwärze, es war unmittelbares Leben und weckte unmittelbares Leben. Einem gewaltigen Turme glich es, zusammengefügt aus zahllosen verschiedenartigen Steinen, von dessen Kuppe Flammen hoch zum Himmel lohten, den Frauen kündend, daß die Stunde auch ihrer Befreiung geschlagen: „Dem Sozialismus gehört die Zukunft, das heißt in erster Linie dem Arbeiter und der Frau!" Wenn Bebel auch immer mehr ein Meister des gesprochenen als des geschriebenen Wortes war, dieses Werk wirkte mit der ganzen hinreißenden Kraft seiner Reden und bewegte auch unter den bürgerlichen Frauen die Köpfe und die Herzen. Auflage um Auflage folgten einander und schon bald nach seinem Erscheinen wurde es ins Französische, Englische und Russische, ins Italienische, Schwedische und Dänische, ins Polnische, Vlämische, Ungarische und Tschechische, ins Griechische, Bulgarische und Rumänische übersetzt.

Im Reichstag des Jahres 1880 wandte sich Bebel mit aller Schärfe gegen die neue Militärvorlage, ohne die Bereitschaft der Sozialdemokratie zu verschweigen, den Boden des Vaterlandes gegen fremde Eroberungsgelüste zu verteidigen.

Von Most und anderen deshalb angegriffen, erklärte er im „Sozialdemokrat", die international gesinnte Sozialdemokratie sei nicht vaterlandslos, und ob Deutschland unter Fremdherrschaft komme oder ausländische Eroberer Fetzen deutschen Landes an sich rissen, dürfe der Partei schon deshalb nicht gleichgültig sein, weil auch das Proletariat die nationale Unabhängigkeit brauche, um seinen Emanzipationskampf mit Kraft und Nachdruck führen zu können. Nichtsdestoweniger gaben die bürgerlichen Parteien, gewohnt beharrlich an alten Lügen zu kleben, bei den Wahlen des Jahres 1881 die Losung von der Vaterlandslosigkeit der Sozialdemokratie aus, bei weitem nicht zum ersten und lange nicht zum letzten Male. Die Wahlen brachten der Partei zwar 125 000 Stimmen weniger als die letzten Wahlen unter dem gleichen Recht, aber daß die Sozialdemokratie, verfemt und geächtet, gejagt und gehetzt, wie sie war, trotz aller Nücken und Tücken des Ausnahmegesetzes 312 000 Stimmen auf den Tisch schütten, daß sie mit zwölf Vertretern in den Reichtag einziehen konnte, mußte, ob der Aussichtslosigkeit ihres Kampfes, allen Reaktionären die Blässe des Entsetzens in die Wangen treiben. Bebel freilich war nicht unter den Erwählten. In Dresden und im vierten Berliner Kreise kam er in die Stichwahl. Die Stöckerianer erboten sich, die Sozialdemokraten herauszuhauen, wenn sie sich verpflichteten, Seite an Seite mit den Sozialreformern für friedliche Reform zu arbeiten, um derart die soziale Revolution zu überwinden. Auch mit der Aufhebung des Ausnahmegesetzes lockten die Trabanten des Hofpredigers. Ein Ja, und Bebels Mandat war neben anderen gerettet. Aber die Berliner Parteigenossen, die schon halb und halb zu diesem Ja geneigt waren, kehrten aus Leipzig mit Bebels bündiger Antwort zurück: „Lieber 3000 ehrlich gewonnene als 30 000 erkaufte Stimmen!" Er zog es vor, mit Ehren zu unterliegen, als ohne Ehren zu siegen.

In dem gleichen Jahre noch ward ihm eine Genugtuung. Selbstverständlich, daß eine der ersten Städte, die der kleine Belagerungszustand traf, Leipzig war, und ebenso selbstverständlich, daß man damit das Nest ausräuchern wollte, in dem die Gefährlichsten der Gefährlichen, Bebel und Liebknecht, saßen. Aber die beiden machten der Polizei nicht die Freude, sie mit roher Gewalt über die Stadtgrenze befördern zu können, sondern wanderten, sobald sie von der Ausweisungsorder Wind erhielten, zu Fuß nach dem nahegelegenen Dörfchen Borsdorf, das bis dahin nur durch die roten Backen seiner berühmten Aepfel mit der verpönten Farbe der Revolution etwas zu schaffen gehabt hatte. Während die Familien vorderhand in Leipzig blieben, schlugen die beiden hier in ärmlichem Bauernhause das Hauptquartier der sozialistischen Armee auf. Aber Bebel siedelte bald nach Plauen bei Dresden über, um einem neuen Tätigkeitsfelde näher zu sein, denn als Antwort auf die Ausweisung hatten ihn die östlich von Leipzig im Belagerungsgebiet liegenden Arbeiterdörfer in den sächsischen Landtag entsandt. Sachsen war damals, trotz Preußens, das klassische Land der Reaktion, und Bebel fand reichlich Gelegenheit in den neun Jahren, die er Mitglied der zweiten Kammer war, eine gute Klinge zu schlagen. Wie er die unsagbar kleinliche und unsagbar gehässige Polizeiwirtschaft des Regimes Nostiz-Wallwitz brandmarkte, so nahm er sich auf der anderen Seite auch mit Eifer der Berg-, Eisenbahn- und Waldarbeiter an, stritt gegen die Verschlechterung der Landgemeindeordnung und verfocht den Gedanken einer groß angelegten Volksschulreform. Die sächsische Reaktion wäre nicht sächsische Reaktion gewesen, wenn sie sich nicht mit heimtückischen Nadelstichen gerächt hätte. Auf Grund eines Flugblattes war 1882 gegen Bebel eine Anklage erhoben worden, die ihm nachher zwei Monate Gefängnis wegen Beleidigung des Bundesrats eintrug. Als er sich während des Verfahrens auf eine Geschäftsreise begeben mußte, teilte er dem Gericht mit, einen bestimmten Aufenthaltsort könne er für die nächste Zeit nicht angeben, werde aber in der Pfingstwoche in Dresden sein. Wirklich lustwandelte er am Pfingstsonntag mit seiner Tochter auf der Brühlschen Terrasse, als der berüchtigte Polizeikommissar Paul herantretend ihm eröffnete, daß die Strafkammer einen Haftbefehl gegen ihn erlassen habe, und zwar mit Berufung auf den Paragraphen der Strafprozeßordnung, der unterstandslose Personen ohne festen Wohnsitz wegen Fluchtverdachts einzusperren erlaubte! Vergeblich war der Protest gegen diesen unwürdigen Streich, denn da der Vorsitzende der Strafkammer sich auf einer Vergnügungsreise erlustierte, mußte Bebel bis Dienstag in Haft bleiben. Schadenfroh konnten die sauberen Patrone, die dem verhaßten Gegner und seiner Familie das Pfingstfest hatten verderben wollen, die Hände reiben. Aber nicht alle Widersacher Bebels billigten diese Art des Kampfes, und mancher, der sich im Streit der Meinungen ehrlichen und anständigen Sinn bewahrt hatte, vermochte dem Draufgänger nicht so recht von Herzen gram sein. Bebel konnte nicht nur gegen Feinde grob werden und am gröbsten dann, wenn ein allzu eifriger Bewunderer vor ihm das Weihrauchfaß schwingen wollte, und seinem Wesen war auch jene geschmeidige Allerweltshöflichkeit fremd, die immer wie ein zu voller Honigtopf nach allen Seiten überfließt, aber er besaß die echte Liebenswürdigkeit einer wahrhaft vornehmen Seele, und mit ihr wußte er auch den Gegner zu bezwingen. Dazu lebte er keineswegs in der törichten Furcht, das leuchtende Rot seiner Ueberzeugung könne durch den persönlichen Verkehr mit Andersgesinnten zu einem schüchternen Rosa verblassen, sondern plauderte gern und oft mit gescheiten Leuten, ob sie gleich nicht zu seiner Partei und nicht zu seiner Welt gehörten. Zur Zeit seiner sächsischen Parlamentstätigkeit saß er nicht selten mit dem konservativen Präsidenten der Zweiten Kammer, Dr. Haberkorn, in der Bärenschenke vor einem Glase Bier, und es kam wohl vor, daß dieser mit kräftigem Wort ein paar Polizeiseelen verscheuchen mußte, die Bebel wie sein Schatten zu folgen pflegten und sich, mit langen Ohren lauschend, an einem Nebentisch niedergelassen hatten.

Bei einer Nachwahl im Jahre 1883 schickte der erste Hamburger Wahlkreis den Mann wieder in den Reichstag, den Junker, Scharfmacher und Rückwärtser, am meisten haßten, weil sie ihn am meisten fürchteten — der Minister v. Puttkamer sogar scheute sich nicht vor dem Geständnis: „Der Herr Abgeordnete Bebel ist als der fähigste, beredteste, aber auch gefährlichste aller Sozialdemokraten und Agitatoren bekannt, und ich will also in diesem Zusammenhange sagen: ich fürchte seine Beredsamkeit und den Eindruck, den er auf die Masse macht.“ In dem Frühjahr desselben Jahres befaßte sich der in Kopenhagen abgehaltene Parteitag der Sozialdemokratie mit der 1881 so pomphaft angekündigten Versicherungsgesetzgebung Bismarcks und erklärte in einer Resolution diese angebliche Sozialreform nur für ein taktisches Mittel, die Arbeiter vom rechten Wege abzulenken, verpflichtete aber die parlamentarischen Vertreter der Partei, bei allen auf die ökonomische Lage des Volkes gerichteten Vorschlägen die Interessen der

Arbeiterklasse energisch wahrzunehmen. Bebel war es denn, der, immer das große Ziel der proletarischen Revolution vor Augen, doch nie kleine Reformen von der Hand wies und in der folgenden Legislaturperiode die sozialdemokratische Fraktion mit einem umfassenden Arbeiterschutzgesetzentwurf auf sozialpolitischem Felde zum Angriff übergehen ließ, und wieder war es Bebel, der 1887 auf dem Parteitag zu St. Gallen die Beschickung eines internationalen Arbeiterkongresses anregte, der sich in erster Reihe mit der Arbeiterschutzgesetzgebung beschäftigen sollte. Zwei Jahre danach tagte dieser Kongreß der neuen Internationale — die alte war bald nach dem Untergang der Kommune zerfallen — in Paris und Bebel hielt, umjubelt als der Führer der stärksten und erfolgreichsten sozialistischen Partei aller Länder, ein in die Breite und in die Tiefe gehendes Referat über diese wichtige Frage.

Das war die Zeit, als das Sozialistengesetz schon in den Todeszuckungen lag. Die Wahlen von 1884 verdoppelten die Zahl der sozialdemokratischen Mandate, die abgegebenen Stimmen stiegen um 238 000 auf 550 000. Schon mußte, von seinem unromantischen und bedachtsameren Standpunkte aus, Bebel in einer Preßerörterung Vollmar entgegentreten, der behauptete, der Partei könne nichts Besseres widerfahren als eine ewige Dauer des Ausnahmegesetzes. Aber auf jeden Fall beherrschte die froheste Siegesgewißheit alle Glieder der Partei, nicht zum mindesten die Fraktion, die mit vierundzwanzig Mann ganz anders die Ellbogen brauchen konnte als vordem mit zwölf. Zwar gab es, wie unvermeidlich, in ihren Anschauungen bisweilen noch einen Rückfall in die kleinbürgerliche Gedankenwelt, aber wenn sich die Geister schieden, stand Bebel immer auf der Seite, die den rein proletarischen Klassenstandpunkt wahrte. Je mehr aber jeder neue Tag die völlige Wirkungslosigkeit des Sozialistengesetzes ins Licht rückte und je weniger die vielberühmte „Sozialreform" bei den Arbeitermassen verfangen wollte, desto verbohrter und verbissener gebärdeten sich die Feinde der Arbeitersache. Sie schäumten vor Grimm, wenn Singer etwa den Zusammenhang der preußischen Polizei mit Lockspitzeln nachwies, die zu Attentaten aufgereizt und zum Druck anarchistischer Blätter die Mittel beigesteuert hatten. Sie heulten vor Wut, wenn bei den Debatten über die Verlängerung des Sozialistengesetzes Liebknecht sie mit Ruten strich und Bebel sie mit Skorpionen geißelte. Sie ziehen ihn, kreischend und heuchlerisch seine Worte verdrehend, der Aufreizung zum Königsmord, wenn Bebel dartat, daß nur auf dem Boden der äußersten Rechtlosigkeit wie in Rußland die Attentate gediehen:

„Die Monarchie würde freilich getroffen werden, wenn Sie die Mittel anwendeten, die jetzt in Rußland üblich sind.

(Große Unruhe rechts.)

Ganz gewiß mit Notwendigkeit! Und ich stehe nicht an, daß ich in diesem Fall einer der ersten wäre, der dazu die Hand böte, wenn diese Zustände hier so wären

(Hört! hört! rechts)

— ich wiederhole, wenn diese Zustände hier so wären!

(Große Unruhe rechts.)

— Ja wohl, meine Herren. Denn ein niederträchtigeres System, ein gewalttätigeres, brutaleres System als im modernen Rußland existiert, kann in keinem Lande gedacht werden. Und einem solchen System gegenüber kenne ich keine Rücksicht, dem gegenüber sind alle Mittel erlaubt, wie dieses System mir gegenüber alle Mittel für erlaubt hält."

Und sie hätten sich am liebsten die Ohren zugehalten, wenn er, seiner Sache und seines Sieges gewiß, in den Saal rief:

„Meine Herren, Sie wollten uns vernichten — das ist Ihnen nicht gelungen, und es wird Ihnen in alle Ewigkeit nicht gelingen. Statt uns zu vernichten, haben wir die sichere Gewähr, daß unsere Partei im Laufe der weiteren Entwickelung nur mehr und mehr gestärkt wird. Ich bin der Ueberzeugung, meine Herren, daß die Sozialdemokratie noch existiert, wenn der letzte der Väter des Sozialistengesetzes zu seinen eigenen Vätern versammelt ist, und ich bin überzeugt, daß die Sozialdemokratie nicht nur existiert, sondern auch blüht und gedeiht, wenn von dem System, das uns heute hudelt und büttelt, keine Spur mehr vorhanden ist. Sie dachten uns zu vernichten; wir aber werden Sie besiegen!"

An dieser stolzen Siegessicherheit konnten auch festere Nackenschläge nichts ändern. Mochte immerhin Herr v. Puttkamer, der hinter jeder Arbeitseinstellung die Hydra der Revolution lauern sah, mit seinem Streikerlaß jeden Lohnkampf der Arbeiter zu hindern suchen, mochte immerhin mit den Geheimbundsprozessen ein neues Kesseltreiben gegen die politische Bewegung eröffnet werden, das waren nur Episoden. Es verschlug Bebel auch wenig, daß ihm der erste dieser Geheimbundsprozesse am 4. August 1886 die längst vertraute Gefängniszelle abermals für neun Monate zur Wohnstätte anwies. Bei der Rückkehr vom Kopenhagener Kongreß war nämlich eine Reihe der Teilnehmer von der Polizei bei der Ankunft in Deutschland festgestellt worden. Aber das Reichsgericht lehnte die Einleitung eines Hochverratsverfahrens gegen Bebel ebenso ab wie das Leipziger Landgericht die eines Prozesses auf Grund des Paragraphen 129, der ungesetzliche Verbindungen bedrohte. Schließlich fanden sich in Chemnitz Richter, die es wenigstens zu einer Verhandlung kommen ließen, aber zu einem glatten Freispruch der Angeklagten gelangten. Das Reichsgericht mußte jetzt noch einmal in Tätigkeit treten, das freisprechende Urteil aufheben und die Sache an das Freiberger Landgericht verweisen. Hier endlich glückte es, mit einer Gliederverrenkung, die die Dame Justitia in die Gattung der Schlangenmenschen verwies, ein Urteil zu erzielen. Mit Bebel in der gleichen Verdammnis befanden sich Auer, Frohme, Ulrich und Viereck, drei andere Teilnehmer kamen mit drei Monaten davon.

Als eine Episode wurde auch nur der Ausfall der Septennatswahlen im Jahre 1887 gewertet, bei denen Bismarck, um eine gefügige konservativ-nationalliberale Mehrheit zu bekommen, alle Register des Franzosenschreckens zog und mit der Angst vor Turkos und Zuaven den Spießbürger mit dem „nationalen" Stimmzettel an die Urne jagte. So gelang es den Sozialdemokraten, nur elf Vertreter in den Reichstag zu entsenden, aber sie zählten mit 763 000 Stimmen einen Zuwachs von 213 000 Stimmen gegen die letzte Wahl. Doch wenn Bismarck mit dem Kartellreichstag auch eine reaktionäre Steuerpolitik treiben konnte und die Ausdehnung der Legislaturperioden auf fünf Jahre erreichte, die gewünschte Verschärfung des Sozialistengesetzes ging nicht durch, sondern nur die einfache Verlängerung auf zwei Jahre. Mit letzter Kraftanstrengung tobte er jetzt, da er fühlte, daß ihm in dem ungleichen Kampf der Atem ausging, wie ein Besessener, bewirkte aber selbst mit seiner brutalen Bedrohung der Schweiz wegen des dem „Sozialdemokrat" gewährten Asylrechts weiter nichts, als daß das Blatt wie ein munteres Rotkehlchen aufflatterte und sich in London auf einem andern Ast niederließ. Inzwischen war auf Wilhelm I. nach dem kurzen Zwischenspiel der neunundneunzig Tage Wilhelm II. gefolgt, als junger

Monarch entschlossen, die Zügel der Regierung selbst in die Hand zu nehmen. Bismarck verfiel in der Not der Stunde auf eine Politik der blinden Verzweiflung. Im Oktober 1889 trat er mit einem Gesetzentwurf vor den Reichstag, der das Sozialistengesetz mit unwesentlichen Aenderungen verewigte. Als der Reichstag statt dessen die Verlängerung des Ausnahmezustandes überhaupt ablehnte und die Wahlen am 20. Februar 1890, noch unter der Wirkung des Schandgesetzes, anderthalb Millionen sozialdemokratischer Stimmen aufbrachten und eine Fraktion von fünfunddreißig Sozialdemokraten ins Reichsparlament einziehen ließen, spann er wilde Träume von Staatsstreich, Wahlrechtsraub und Straßenschlachten, in deren Blut er, auch hier ein Nachäffer des dritten Bonaparte, die ganze Arbeiterbewegung ersäufen wollte. Aber da Wilhelm II. diesen finsteren Weg nicht mit dem Hausmeier der Hohenzollern gehen wollte, war der Vater des Sozialistengesetzes ein erledigter Mann. Mitte März wurde ihm brüsk der Stuhl vor die Tür gestellt, und in anderer Weise freilich, als es sich der Zeichner gedacht, war der Sinn jener Karikatur von 1871 erfüllt: David hatte den Goliath gefällt.

Niemals leuchteten Bebels Augen so hell, niemals hatte Bebels Stimme so stählernen Klang als in jenem Jahr, und er durfte dem Gefühl des Stolzes in seiner Brust Raum geben. Am Boden lag der mächtigste Gegner, der Bebel nur mit der Kraft seines Hasses ein flüchtiges Wohlgefallen abgelockt und den er mit der ganzen Glut seiner Seele wieder gehaßt hatte, und mit dem Herzog war der Mantel gefallen, mit Bismarck das Ausnahmegesetz verschwunden. Zwölf Jahre hatte Bebel hinter sich, die er gut und gern als Kriegsjahre nicht doppelt, sondern dreifach zählen durfte, Jahre der steten Unruhe, Jahre des erbitterten Kampfes Tag für Tag, aber Jahre auch, deren Mühen der Erfolg krönte. Er hatte nie verzagt, auch im dichtesten Kugelregen nicht, er hatte nie nachgegeben, auch bei den leckersten Lockungen nicht, er hatte immer den Fuß beim Male gehalten, auch in der letzten, äußersten Not, und wenn die rote Fahne, die er jetzt wieder vor allem Volk entfalten konnte, so rein und fleckenlos leuchtete wie nur je, es war nicht zuletzt sein Werk.

Ueber Leichen war die Entwickelung dieser eisernen zwölf Jahre gegangen, und nicht wenige zerbrochene Menschenleben zeichneten dieses harten Weges Spur, aber der Partei hatte die Zeit der gnadenlosen Verfolgung keinen Schaden getan, sondern Nutzen gebracht, und darum lachte auch August Bebel dessen, was ihm in dieser Spanne an Niederziehendem widerfahren. Nur zuweilen noch ließ ihn die Erinnerung an jene Hetze die Flammen des Zorns ins Blut schlagen. „Auch heute noch," rief er in seiner großen Rede auf dem Dresdener Tage, „nachdem alle diese Verfolgungen vorüber sind, ohne daß sie mir geschadet haben, wenn da meine Gedanken auf den kleinen Belagerungszustand zurückkommen, und ich mir vergegenwärtige, wie wir aufs Polizeibureau kommandiert, dort wie Verbrecher unters Metermaß gestellt und abgemessen wurden, wie wir photographiert wurden und unser Signalement aufgenommen wurde, und wie es dann hieß, binnen drei Tagen macht Ihr, daß Ihr zum Tempel hinauskommt, das vergesse ich in meinem Leben nicht. Und wenn ich es je erleben sollte, daß der Tag käme, daß ich denen, die dann noch leben, sagen könnte: Jetzt will ich Euch einmal zeigen, was Ihr damals getan — ich tät's!"

V.

Bis zur Jahrhundertwende.

Auf wirtschaftlichem Gebiet wuchs sich im letzten Jahrzehnt des neunzehnten Jahrhunderts Deutschland immer mehr zum Industriestaat aus, und ziffernmäßig stellte die Betriebs- und Gewerbezählung von 1895 den gewaltigen Zustrom von proletarischen Elementen in der Industrie fest, die alle über kurz oder lang der Sozialdemokratie zufallen mußten. In der Tat trugen die Wahlen von 1893, bei denen die heilloseste Zerrüttung des Wirtschaftslebens als Folge einer der regelmäßigen Krisen den Elendsmarsch trommelte, und die von 1898, bei denen der frische Wind einer neuen Hochkonjunktur den bürgerlichen Parteien wieder die Segel schwellte, der Sozialdemokratie jene 1 787 000, diese 2 107 000 Stimmen ein und brachten ihre Fraktion erst auf vierundvierzig, dann auf siebenundfünfzig Mann. Nicht nur dieses Wachstum der gefürchteten Revolutionspartei ließ die Politik der herrschenden Klassen in diesem Jahrzehnt ziellos und unsicher hin und her taumeln. Caprivi, der Bismarck in der Führung der Reichsgeschäfte zu ersetzen hatte, war schon als preußischer Militär alles andere als ein fortschrittlicher Geist, aber aus dem Zwingbau, den der Gewaltmensch aufgerichtet, suchte er wenigstens ein paar Steine herauszubrechen. Vor allem geriet er in den Ruf eines Junkerschrecks durch die Herabsetzung der Kornzölle, die er in einer Zeit steigender Brotpreise angesichts einer leibhaftigen Hungersnot bewirkte, und brachte damit den Zusammenschluß der unersättlichen Agrarier im Bund der Landwirte zuwege, der fortan, wie die jungen Raben nach Futter, nach hohen, höhern und höchsten Getreidezöllen schrie. Aus den Nationalliberalen prügelte das Wachstum der Industrie und der Arbeiterbewegung den letzten Rest liberaler Gesinnung heraus, die Fortschrittler, die sich bald zu einer Partei einten, bald wieder in mehrere auseinanderfielen, wurden immer mehr zu einer parlamentarischen Rückendeckung für die Börse und kamen auf täglich weicheren Filzgaloschen daher, und das Zentrum richtete sich behaglich auf den Augenblick ein, wo es ganz und gar ausschlaggebende Regierungspartei sein würde. Als 1894 Caprivi von einem Strudel dunkler Machenschaften und heimlicher Ränke hinabgezogen wurde, folgte ihm der greise Fürst Hohenlohe, ein müder Mann und kaum mehr als der Wandschirm des Absolutismus, der durch seine tollen Bocksprünge immer häufiger die einen verblüffte und die andern entsetzte. Nicht nur der kaiserliche Träger dieses Absolutismus ließ kaum eine Gelegenheit vorüber, da er die Sozialdemokratie mit harten Worten überschütten konnte, und legte sich persönlich für die Zuchthausvorlage ins Zeug, sondern hinter ihm drein lärmte der ganze Troß der Scharfmacher nach Ausnahmegesetzen gegen den drohenden Umsturz. So war auch dem Jahrzehnt nach Fall des kleinen Belagerungszustandes für die Partei das Zeichen steten und erbittertsten Kampfes aufgeprägt.

Aber auch unter unvermeidlichen Kämpfen innerhalb der Partei vollzog sich die Entwickelung. Wenn 1890 sofort die Gruppe der sogenannten Jungen mit lautem Gepolter auf den Tisch schlug, so glich das nur dem Ueberbrodeln des Wassers, sobald der Deckel vom Topf genommen ist. Die haltlosen Anklagen dieser meist anarchistelnden Wirrköpfe bedeuteten der Partei keine ernste Gefahr. Ebenso war es eine geschichtliche Erscheinung, daß Vollmar und die Seinen aus dem wirtschaftlich sehr zurückgebliebenen Bayern heraus sich den Interessen der Klein- und Mittelbauern in etwas anpassen wollten und überhaupt eine Taktik des Maßhaltens empfahlen. Schließlich erhob sich auf der Grundlage der Hochkonjunktur, die den Gewerkschaften die Scheuern füllte, am Ende des Jahrzehnts Bernsteins Kritik an den Gedankengängen des Marxismus im allgemeinen und an dem sozialdemokratischen Programm im besondern und forderte, von schiefen Voraussetzungen zu noch schieferen Folgerungen tappend, die Umwandlung der Revolutions- in eine Reformpartei mit Vernachlässigung des Endziels und Betonung der Gegenwartsaufgaben.

Wenn einer, so fühlte sich Bebel, der mit der Arbeiterbewegung seit fast drei Jahrzehnten zu dem Höhepunkt seiner eigenen Kraft und seines eigenen Schaffens herangewachsen war, berufen, in den oft hitzigen Streit der Meinungen einzugreifen. Er hatte jetzt auch die Hände frei, um sich ganz im Dienst der Partei tummeln zu können, denn zu Ende der achtziger Jahre, sobald die Erträge seiner schriftstellerischen Tätigkeit ihm den Lebensunterhalt verbürgten, ließ er Drehbank Drehbank sein und siedelte, als der Parteitag zu Halle 1890 ihn in den Parteivorstand wählte, ganz nach Berlin über. Daneben besaß er am Züricher See, auch seit den achtziger Jahren, ein kleines Landhaus, erworben hauptsächlich, um eine sichere Heimstatt zu haben, von der ihn auch die Schweizer Behörden, wenn Bismarck einen noch so starken Druck ausübte, nicht vertreiben konnten. Aber obwohl Bebel den größten Teil des Hauses vermietete und nur den Dachstock bewohnte und auch den nur in der stillen Zeit des Sommers, so ruhte die kleinliche Gehässigkeit der Gegner doch nimmer, den Führer der Proletarierpartei mit seiner mehr als schlichten Lebensführung als einen Villenbesitzer mit Protzengewohnheiten abzukonterfeien, bis er sich, angewidert von dem verächtlichen Treiben, des Häuschens wieder entäußerte.

Keine Frage der kommenden Parteitage gab es, die ihn kühl ließ, ob es sich um das Agrarprogramm, ob um die preußischen Landtagswahlen, ob um sonst etwas handelte. Mit dem gleichen Eifer fertigte er die Jungen ab, mit dem gleichen Eifer schärfte er Vollmar das Gewissen und mit vermehrtem Eifer noch ließ er in Hannover alle Batterien gegen Bernsteins Vorstoß spielen. In dem Streben, immer und immer der Sache zu dienen, konnte er es in der Hitze des Gefechts freilich manchmal nicht vermeiden, persönlich zu werden, und wenn er auch schon auf dem Parteitag in St. Gallen ermahnt hatte, man möge doch endlich die materialistische Geschichts- und Weltauffassung auch auf das eigene Parteileben übertragen, so ging doch nicht selten das Temperament mit ihm durch. Auch er hatte die Fehler seiner Tugenden, und er wäre kein Mensch von Fleisch und Blut gewesen, und noch dazu von diesem keineswegs sanft lebenden Fleisch und von diesem schnell dahinstürmenden Blut, hätte er stets diesem sein Lot und jenem sein Quentchen Gerechtigkeit zugemessen. Er, den man doch sogar einer gewissen „Gerechtigkeitsmeierei“ zieh, hatte den Mut, auch ungerecht zu sein, aber nicht minder den Mut, es einzugestehen, wenn er dessen inne wurde. Bebel trug auch, wenn sein Zorn sich entladen, nichts mehr nach, und sein im Grunde so gütiges Herz litt oft, wenn nach der heißen Fehde die ruhigeren Stunden kamen, unter den Wunden, die er hatte schlagen müssen. Der ein so rauher Kämpfer schien, bat zuweilen in so zarter Form getane Unbill ab, und über allen Unmut des Augenblicks siegte schließlich immer wieder das Bewußtsein, daß, die hier widereinander stritten, doch Kämpfer unter ein und derselben Fahne waren. Von all den Untugenden und Gelüsten, die er nach dem Urteil der Gegner im inneren Parteileben offenbarte, besaß er in Wirklichkeit schlimmsten Falles den Schein. Nichts hatte er von dem Unfehlbarkeitsdünkel eines Parteipapstes an sich, sondern das Goethesche: „Es irrt der Mensch, so lang er strebt!“, war ihm in der volkstümlicheren Form geläufig, daß Dummheiten da sind, um gemacht zu werden, und daß niemand davon ausgenommen ist, sie zu machen. Er thronte auch mit nichten als Dalai Lama starrsinnig und erhaben über der Masse der Parteigenossen, sondern war jede Minute der Einrede zugänglich, der besseren Erkenntnis offen. Er verschmähte es nie von den Menschen und Dingen zu lernen, und derselbe Mann, der sich beredt gegen die preußische Landtagswahlbeteiligung ausgesprochen hatte, legte sich wenige Jahre darauf, als veränderte Umstände eine veränderte Taktik heischten, noch beredter für die Beteiligung ins Zeug.

Nur eines blieb für Bebel unwandelbar und unantastbar: das Wesen der Sozialdemokratie als einer proletarischen Klassenkampfpartei mit revolutionärem Endziel. Die Gegner haben in ihrem hilflosen Staunen vor der Gestalt dieses einzigartigen Menschen viel an seinem Charakter herumgerätselt.

Aber in Wahrheit war er weder ein geschmeidiger Opportunist, wie die einen sagten, noch ein unentwegter Radikalissimus, wie die andern meinten, und erst recht nicht, wie die dritten wollten, eine komplizierte Erscheinung, in deren Brust der praktische Politiker und der orthodoxe Theoretiker in stetem Bürgerkrieg miteinander lagen, sondern wie alle großen Naturen war Bebel klar und einfach. Einen leuchtend unverrückbaren Stern hatte er über sich: die Eroberung der politischen Macht durch die Arbeiterklasse und die Umwälzung der bestehenden Gesellschaft. Diesem Ziel ordnete er alles andere unter, und wer zum Zweifler an diesem Ziel wurde, der war sein Freund nicht. Aber der mit einem hohen und heiligen Fanatismus die Stirn diesem Zukunftsziel entgegenhob, leistete mit beiden Händen wacker Gegenwartsarbeit. Was er 1867 bei seinem ersten Eintritt in ein Parlament an seine Frau geschrieben, er sitze auf der äußersten Linken, weiter nach links zu rücken, verhindere ihn die Wand, die er doch nicht mit dem Kopf einrennen wolle, war sinnbildlich für sein ganzes Wesen und sein ganzes Leben. Immer fand ihn die äußerste Opposition an ihrer Spitze, aber die Sturmgesellen, die mit gesenktem Schädel gegen eine dicke Mauer kühnen Anlauf nahmen, ließ er allein rennen. „Es liegt," sagte er in jener Zeit einmal zu Wiener Parteigenossen, „in dem Wesen der Sozialdemokratie, daß ihr Streben beständig nach vorwärts gerichtet ist. Aber das Maß des Vorwärtsschreitens hängt von den jeweiligen Umständen ab, ob das Tempo langsam oder schnell geht. Ich bin unter Umständen auch ein Freund des Stürmens. Es gibt Momente, wo der Sturm das einzig Richtige ist. Es gibt aber Momente, wo der Sturm das Verderblichste ist, was geschehen kann." Im Herzen war Bebel sicher ein Stürmer wie nur einer, aber wenn in Einzelheiten oder im Kampf das Herz den Kopf mitriß, in den großen entscheidenden Fragen hielt der Kopf das Herz am Zügel. Die reine Negation lehnte Bebel stets als unsozialdemokratisch ab, schon deshalb, weil er wußte, daß den Gegnern nichts unangenehmer ist als ruhige und zielbewußte Arbeit. Kampf der Gesellschaft, die zu untergraben ist und umzuwälzen, Kampf bis aufs Messer dem Klassenstaat, aber gleichzeitig aus diesem Staat soviel herausholen, wie herauszuholen geht! Für ihn gab es keine Frage: Revolution *oder* Reformen?, sondern nur eine Antwort: Reformen *und* Revolution! Die Gewerkschaften erkannte er in ihrem hohen Wert so sehr, daß er bekennen durfte: „Ginge es nach mir, so müßte ein Gesetz erlassen werden, das ebenso wie den Krankenkassenzwang für einen jeden Arbeiter den Gewerkschaftszwang im Interesse der Besserung der Lebenshaltung einführt." Auch das Genossenschaftswesen wußte er, frei allerdings von jeder törichten Ueberschätzung, in seiner Bedeutung für die Arbeiterklasse zu würdigen, obwohl ihm aus den Tagen der Schulze-Delitzschen Quacksalberei eine Abneigung gegen die Konsumvereine noch im Blut steckte. Seinen praktischen Sinn bewährte er auf Schritt und Tritt und, ganz das Gegenteil eines Buchstabengläubigen, kümmerte er sich den Teufel ums Wort, wenn er den Zweck erreichte, und ein Quentchen Tatsache war ihm mehr als ein Pfund Theorie. Wie er als erster die grauenhaften Mißstände im Bäckereigewerbe bloßlegte und durch seine Enthüllungen 1896 eine Bundesratsverfügung über die Arbeitszeit der Bäcker erreichte, so war er nach dem Sozialistengesetz ebenso unermüdlich wie vorher innerhalb der Fraktion im Sinne sozialpolitischer Forderungen tätig. Aber er war sich durchaus im klaren darüber, daß einmal alle Reformen den Gegnern nur abgetrotzt werden konnten und daß Reformen schließlich nur den Weg zum Endziel pflasterten. „Für uns", betonte er immer wieder, „ist die Verbesserung der materiellen Lage des Proletariats auf dem Boden der jetzigen Gesellschaft nur da, um unseren Kampfboden so günstig wie möglich zu schaffen." Darum glich Bebels taktische Anschauung so ganz und gar nicht der Politik der bürgerlichen Parteien, die von der Hand in den Mund lebt und kurzen Atem und kurze Beine hat, sondern sie machte lediglich das Prinzip zum Mittelpunkt eines Kreises, in dem sie den Forderungen des Tages reichlichen Spielraum ließ. Und schwer wie ein Hammerschlag fiel das letzte Wort nieder, das er bei all diesen Debatten um Programm und Taktik überhaupt sprechen konnte: „Es bleibt bei der Expropriation. Die geben wir nicht auf!"

Insofern er ganz gewiß nie mit dem Winde umschlagender Augenblicksstimmungen segelte, lehnte Bebel es mit Recht ab, für einen Gefühlsmenschen zu gelten und glaubte auch in seinen Reden nicht an Gefühlsdinge zu appellieren. Aber doch war es zum großen Teil das Gefühlsmäßige, das tausend unzerreißbare Fäden von ihm zu den Massen hinüberspann und wiederum war sein starkes Gefühlsleben stark mit im Spiel, als er zu Anfang der neunziger Jahre den Zusammenbruch der kapitalistischen Gesellschaftsordnung nahe herbeigekommen wähnte. Freilich krachte damals unter den Folgen der Krise die Gesellschaft in allen Fugen und da man weder von den hemmenden Wirkungen der Trusts und Kartelle etwas ahnte, noch den Abfluß überschüssiger Produktivkraft nach den Kolonien recht überschaute, brauchte weder ein Narr noch ein Träumer zu sein, wer den großen „Kladderadatsch“ schon seine Schatten vorauswerfen sah. Aber daneben beflügelte Bebel doch auch jener inbrünstige Glaube an seine Sache, der ihn nie eine Minute verlassen hatte, wenn er auf dem Erfurter Parteitag ausrief: „Ja, ich bin überzeugt, die Verwirklichung unserer letzten Ziele ist so nahe, daß wenige in diesem Saale sind, die diese Tage nicht erleben werden“, und sein unverwüstlicher Optimismus ließ ihn die mehr pessimistisch angehauchten Freunde mit den törichten Jungfrauen der Bibel vergleichen, die kein Oel auf der Lampe haben, wenn der Bräutigam kommt. Nicht zuletzt sprach auch eine Stimme seines Gefühls gegen die Versuche Bernsteins, Wasser in den Wein zu schütten, denn er, der, selbst unendlich begeistert, auch andere unendlich zu begeistern wußte, sah eine gefährliche Nörgelei darin, geeignet, die Begeisterung zu ertöten. Darum wollte er nichts wissen von der Tüftelei und Grübelei über all den Kleinkram, der noch im Wege stehen könnte, sondern Begeisterung, Opfermut, Kampfesfreudigkeit waren ihm Vorbedingungen des Sieges — die Fahne hoch!

Nicht nur als den leidenschaftlichen Kämpfer und den weitblickenden Politiker, den die Welt schon kannte, zeigten die Verhandlungen der Parteitage Bebel, sondern auch als den großen Menschen, den die Welt weniger kannte. Was so leicht in der harten Uebung täglichen Dreinschlagens verloren geht, die Fähigkeit, menschliche Dinge menschlich zu sehen, wurde bei Bebel noch durch die historisch-materialistische Auffassung der Dinge vertieft. „So viel Toleranz,“ durfte er auf dem Hamburger Tage sagen, „habe ich auch dem Gegner gegenüber, daß ich ihn nicht eher für einen Schuft halte, als bis er den Beweis dafür geliefert hat. Halten Sie doch fest, daß nach unserer Geschichtsauffassung die Gegner so sein müssen, wie sie sind, daß ihre Ansichten von ihren Interessen beherrscht werden, und das ist so richtig, daß, wenn die große Mehrzahl unserer Genossen, davon schließe ich die Mehrzahl der Anwesenden nicht aus, in die Lage kämen, Großkapitalisten zu werden, es mit ihnen als Sozialdemokraten vorbei wäre", und gelegentlich meinte er wohl nachdenklich, daß die Idealisten in der bürgerlichen Welt ein Leid zu tragen hätten, das der Proletarier nicht kenne. Der von proletarischem Gefühl in jeder Fiber seines Wesens durchdrungen war, redete eben deshalb nie den Massen nach dem Munde, sagte ihnen, wenn's not tat, bittere Wahrheiten und haßte jede Verherrlichung der schwieligen Faust. „Ebenso unrichtig wie der Gegensatz zwischen polnischen und deutschen Sozialdemokraten ist auch," rief sein Unmut in Hamburg aus, „der Gegensatz zwischen Parteigenossen der schwieligen Arbeiterfaust und denen der Kopfarbeit oder denen, die kraft unserer gesellschaftlichen Zustände in der außerordentlichen, vielleicht von manchen von uns beneideten Lage sich befinden, daß sie ein Vermögen haben, von dem sie leben können, ohne zu arbeiten. Der ganzen Grundauffassung unserer Partei entspricht es doch, keinen Unterschied zwischen geistiger und körperlicher Arbeit in dieser Hinsicht zu machen." Und der Idealist reinsten Wassers dachte praktisch und gerecht genug, um in schroffster Weise zu unterstreichen, daß auch der Arbeiter im Dienst einer Idee seines Lohnes wert ist, und wandte sich mit entschiedenster Schärfe auf dem Frankfurter Parteitag gegen die nicht proletarische, sondern kleinbürgerliche Mäkelei an den Gehältern einzelner Redakteure. Im Kriege schweigen die Musen, und da Bebels ganzes Leben Krieg war, hatte er nicht viel Zeit, sich mit künstlerischen und literarischen Dingen abzugeben, aber als der Gothaer Parteitag einen Streit um Kunstdinge entfesselte, traf auch hier sein feines Gefühl das Rechte. Spießbürgerei tobte in Gotha gegen die von Edgar Steiger redigierte „Neue Welt", das Unterhaltungsblatt der Partei, weil es allzu derbnaturalistischen Schriftstellern Unterstand gewährt habe. Selbst Liebknecht machte sich zum Sprachrohr dieser steifleinenen Prüderie. Bebel hatte Steiger des öfteren geraten, daran zu denken, daß die Partei zahlreiche politisch und ökonomisch radikale Elemente mit konservativer Kunstanschauung in sich berge, aber auf dem Parteitag hielt er dem Angegriffenen die Stange. „Seien Sie sich doch darüber klar," warf er den Krittlern entgegen, „daß wir uns auch auf dem Gebiete der Kunst und Literatur heute in einer großen umstürzlerischen Bewegung befinden, in einer Bewegung, wo das Neue mit dem Alten kämpft. Eine Partei wie die unsere, die reformierend in alle Gebiete eingreift, kann doch nicht auf dem Gebiet der Kunst und Literatur einen Standpunkt vertreten, der nach und nach als ein veralteter angesehen wird."

Aber so leidenschaftlich Bebel auch in den inneren Kämpfen mit Für und Wider Partei nahm, und so aufrichtig er scherzte, einer langweiligen Gesellschaft ohne Meinungsverschiedenheit ziehe er die Auswanderung zu den Botokuden vor, bei denen er wohl Opposition finden werde, so unerquicklich war ihm doch der Gang zur Rednertribüne, wenn es galt, gegen Parteigenossen die scharfen Speere seiner Beredsamkeit zu schleudern. Ganz anders im Reichstag. Hier bereitete ihm der Kampf ungetrübte Freude, und ob nun seine Rede sicher und ruhig dahinfloß wie ein breiter Strom, der die Schiffe zum Meere trägt, ob sie mit stürmenden Wellen dahinschoß wie ein ungestümer Gebirgsbach, der die Räder der Mühlen dreht, ob Hohn darin niederprasselte, ob Zorn sich darin aufbäumte, stets durfte Bebel der Wirkung seiner Worte sicher sein. Längst war der Partei eine Fülle tüchtiger Parlamentsredner, um nur einige zu nennen, in den Auer und Molkenbuhr, Singer und Frohme, Vollmar und Heine, Rosenow und Schoenlank, herangewachsen, und so unverdrossen der junge Liebknecht einst in der Reichsverfassungskampagne die Flinte geschultert hatte, so unverdrossen führte der alte Liebknecht jetzt im Reichstag seine Klinge, und ein Meisterstück vollendeter Rhetorik war jede seiner Reden. Aber bei keinem Redner erstarben, sobald er am Pult erschien, so schnell die Privatgespräche, bei keinem verbreitete sich so erwartungsvolle Stille im ganzen Hause, bei keinem lauschten die Bundesratsvertreter so aufmerksam, bei keinem reckte das Tribünenpublikum so begierig die Hälse, wie bei Bebel. Dafür war er auch gefürchtet und gehaßt wie keiner. „Der einzige Abgeordnete," gestand der Direktor im Reichsamt des Innern, Dr. Woedtke, „den wir im Reichsamt des Innern fürchten, ist Bebel". Wo sie denn konnten, die hohen Herren, zahlten sie ihm jeden offenen Schwertesstreich mit tückischem Nadelstich heim. Im Jahre 1893 hatte er in der Stichwahl den Straßburger Wahlkreis erobert, ein Sieg, durch den die Elsässer dem Manne ihren Dank abstatteten, der 1870/71 gegen die gewaltsame Lostrennung ihrer Gaue von Frankreich aufgestanden war. Aber ob das Sozialistengesetz gefallen war, verschlug in dem gesegneten Lande des Diktaturparagraphen wenig; während der ganzen Dauer seines Mandats wurde Bebel von der reichsländischen Regierung gehindert, zu seinen Wählern in öffentlicher Versammlung zu sprechen, und als er auf der badischen Seite des Rheins, bei Kehl, unter freiem Himmel zu Tausenden von Straßburgern redete, mußte Straßburg auf Karlsruhe so einzuwirken, daß auch diese Versammlungen künftig verboten wurden. Nicht besser erging es Bebel, als er 1896 auf französischem Boden, auf der Sankt-Didler Höhe oberhalb Markirch, seinen Wählern berichten wollte. Den Machthabern in Paris erschien Bebel in Frankreich wie Sprengstoff im Hause, und kurzerhand mußte er zurück über die blau-weiß-roten Grenzpfähle.

Wie Bebel eifrig an den Kommissionsverhandlungen teilnahm, so griff er auch in fast alle wichtigen Debatten ein. Häufig sprach er zum Etat. Nichts offenbarte da mehr den Unterschied zwischen der zielklaren proletarischen und der verschwommenen bürgerlichen Opposition, wie ein Vergleich zwischen den Etatsreden Bebels und Eugen Richters, der an allen freisinnigen Stammtischen als der unerreichbare Matador des Parlamentarismus angeprostet wurde. Von der Verschiedenheit der Persönlichkeiten ganz zu schweigen — der eine ein leidenschaftlich bewegter Mensch, der andere eine Fleisch gewordene Rechenmaschine — verlor sich der fortschrittliche Führer in nörgelnder Pfennigfuchserei und kroch auf dem plattesten Nützlichkeitsstandpunkt herum, wo der sozialdemokratische Sprecher die genaueste Sachkenntnis in Einzelheiten in den Rahmen einer großen Weltanschauung spannte und auch, wenn er dürre Zahlen mit dürren Zahlen verglich, nie vergessen ließ, daß es den Kampf um der Menschheit große Gegenstände galt. Aehnlich ging es bei der Behandlung von Militärfragen. Auch hier feilschte und marktete Richter um einen Sanitätsgefreiten und plätscherte an der Oberfläche der Erscheinungen herum, während Bebel, radikal in jenem ersten Sinne des Worts, das sich von radix, die Wurzel, ableitet, an die Wurzeln des ganzen Systems hinabstach und dem ganzen Militarismus mit all seinem Drum und Dran unversöhnliche Fehde ansagte. Wie er stets neben seiner parlamentarischen, agitatorischen und organisatorischen Tätigkeit noch schriftstellerisch tätig war, in einem Werkchen über Fourier den Gedankengängen des französischen Utopisten nachging, und Vorstudien für eine Parteigeschichte betrieb, so setzte er sich in vielerörterten Streitschriften mit Militärfragen auseinander, zu denen wohl eine natürliche Neigung das Soldatenkind trieb. So scharf und wuchtig Bebel dabei immer den Gegensatz zwischen dem militaristischen Heer des Klassenstaats und der erstrebten Volkswehr der Demokratie herausarbeitete, so liebevoll vertiefte er sich in Einzeldinge und ward zum Sachverständigen auf dem Gebiet des rauchschwachen Pulvers, der feldgrauen Uniformen und der Geschoßwirkungen. Sein ganzer ehrlicher Haß aber lohte auf, wenn er vor versammeltem Reichstag Soldatenquäler mit Epaulettes oder Tressen stäupte, denn nichts vermochte seine edle Natur so zur Empörung aufpeitschen, als die feige Nichtswürdigkeit dieser Schinder, die sich an Wehrlosen vergriffen und gegen die sich damals sogar der Erlaß eines prinzlichen Korpskommandeurs in den schärfsten Worten wandte. So manches Mal lief den Kriegsminister die Röte der Scham und der Wut an, wenn Bebel ihm sein wuchtiges: Ich klage an! ins Gesicht schleuderte. Hütet man sich heute auf preußischen Kasernenhöfen etwas mehr vor Mißhandlungen, so ist das in erster Reihe das Verdienst des Unteroffizierssohnes aus Köln, und mit Recht hat August Winnig seine frisch und lebendig geschriebenen Geschichten vom preußischen Kommiß „dem tapferen und verdienstvollen Freunde der deutschen Soldaten August Bebel" gewidmet.

Als die Waffen des Polizeistaates schartig waren, versuchte man nach dem Fall des Sozialistengesetzes die Sozialdemokratie zur Abwechselung mit geistigen Waffen totzuschlagen. Bei der ersten besten Gelegenheit forderten die bürgerlichen Parteien eine „Zukunftsstaats"debatte im Reichstag heraus, und die Bachem und Böttcher, die Richter und Stöcker erprobten ihre stumpfen Zähne an dem Granit der sozialistischen Weltanschauung — den geistigen Höhepunkt der Erörterung erklomm der Oberscharfmacher v. Stumm mit seinem Ausruf: „Ihr Zukunftsstaat ist nichts als ein großes Zuchthaus, verbunden mit einem allgemeinen Kaninchenstall!" Aber ihnen allen wußte Bebel zum Tänzlein aufzuspielen:

> „Am Dienstag sagte auch Herr von Boetticher: Was wollt ihr denn eigentlich mit eurem sozialdemokratischen „Zukunftsstaat"? Ich könnte diese Frage, die auch Herr Bachem stellte, mit einer anderen Frage an Herrn Bachem beantworten, indem ich

ihn fragte: wie stellen Sie sich denn die Auferstehung nach dem Tode und das ewige Leben vor

(Unruhe und Zuruf),

— über welche seit 18 Jahrhunderten Ihre Kirche gepredigt und bis heute keine Beweise dafür erbracht hat —?

(Zuruf.)

— Sie werden mir mit keinen Beweisen antworten können.

(Zuruf.)

— Doch? Da bin ich wirklich sehr gespannt. Das wird eine Beweisführung werden, auf die ich außerordentlich neugierig bin. Meine Spannung darauf ist größer als die Ihre gegenüber mir in bezug auf meine Auseinandersetzungen über den „Zukunftsstaat".

(Heiterkeit.)

— Ich sagte Ihnen schon: Herr Bachem hat im Widerspruch mit dem, was er behauptete, keine Studien in der sozialdemokratischen Literatur gemacht; denn hätte er diese Studien gemacht, so konnte er gar nicht die Frage nach dem sozialdemokratischen „Zukunftsstaat" stellen, und zwar aus dem sehr einfachen Grunde, weil wir überhaupt keinen sozialdemokratischen „Zukunftsstaat" haben wollen.

(Lebhafte Bewegung und Zurufe. — Oho!)

— Meine Herren, ich wußte ja, daß Sie da allerlei zurufen würden. Ich sage noch einmal: Sie hätten diese Frage nicht stellen können. Ich gebe zu, daß Sie vor 10, 12, 15 Jahren eine solche Frage stellen konnten, und zwar aus dem Grunde, weil die Sozialdemokratie damals in ihrer theoretischen Entwickelung noch erheblich hinter ihrem heutigen Standpunkte zurückstand. Wir sind nicht nur eine, wie Sie sagen, revolutionäre Partei, wir sind auch eine vorwärts strebende Partei, eine Partei, die beständig lernt, und die in beständiger geistiger Mauserung begriffen ist

(Große Heiterkeit),

eine Partei, die nicht die Meinung hat, daß ein heute ausgesprochener Satz und eine heute als richtig gehegte Anschauung unzweifelhaft und unfehlbar für alle Ewigkeit feststeht."

Die Debatte endete so, daß die Sozialdemokratie ruhig die Reden von Freund und Feind in Form einer Agitationsbroschüre den Massen draußen im Lande zum Urteil unterbreiten konnte.

So waren die geistigen Waffen den Gegnern der Sozialdemokratie gründlich verleidet und wieder begann man nach Gewaltsmaßregeln auszuspähen. Freilich rollte die Umsturzvorlage von 1894/95, die mit einer Verschärfung des § 130 des Strafgesetzbuches jede ernsthafte Kritik an den bestehenden Gesellschaftszuständen unterbinden sollte, ebenso schnell in den Abgrund wie die Zuchthausvorlage von 1898/99, die bestimmt war, mit verschärftem Streikbrecherschutz das Koalitionsrecht zu zertrümmern. Wie Bebel die Umsturzvorlage zerrissen und den Winden zum Spiel überlassen hatte, sprang er auch mit der Zuchthausvorlage um. Nachdem er unbarmherzig ihre Tücken bloßgelegt, schloß er am 19. Juni 1899:

„Meine Herren, was denken Sie denn, wenn ein solcher Entwurf, wie der vorliegende, Gesetz würde, was dann selbst die indifferentesten Arbeiter und Arbeiterinnen dazu sagen würden? Wenn künftig in denselben Fällen eine Person aus einer anderen Gesellschaftsschicht dasselbe tut, sie mit 3 Mk. Geldstrafe wegkommt, der Arbeiter und die Arbeiterin aber mit Monaten Gefängnis bestraft werden sollen! Ich meine, etwas so Klassenhaßerregendes, etwas so die untersten Schichten Aufrührendes und Aufhetzendes hat es noch nie gegeben wie diesen Gesetzentwurf.

(Sehr wahr! Sehr richtig! links.)

Alle sozialdemokratischen Agitatoren zusammengenommen, können nicht in so vortrefflicher Weise für die Ausbreitung der Sozialdemokratie arbeiten, wie es die Verbreitung der Denkschrift zu diesem Entwurf tut.

(Sehr wahr! Sehr richtig! bei den Sozialdemokraten. Zurufe rechts.)

— Ja, meine Herren, das begrüße ich, das sage ich Ihnen ganz offen. Wenn unsere regierenden Kreise Lust haben, sich so gründlich zu blamieren, wie es in der Vorlage geschehen ist, dann können wir damit zufrieden sein.

(Sehr gut! Sehr wahr! bei den Sozialdemokraten. Unruhe rechts.)

In einer Zeit, in der die Bourgeois hinter ihre Kassenschränke geduckt vor dem Umsturz zitterten, war die bürgerliche Klasse anno 1898 wenig geneigt, das Gedächtnis an die Barrikadenschlachten des Jahrs 1848 auch nur halbwegs mit dem Nachdruck zu feiern, mit dem sie drei Jahre zuvor in der Jubelstimmung für Sedan geschwelgt hatte. Da war es Bebel, der am 18. März 1898 bei der Beratung der Militärstrafgerichtsordnung die rote Fahne vor den Toten des Barrikadenjahres grüßend senkte, die für die Farben schwarz-rot-gold Blut und Leben gelassen, und als ein frecher Junker jene Toten als Gesindel zu beschimpfen wagte, sprang wieder Bebel auf die Tribüne, jeder Nerv lohende Empörung:

„Meine Herren, wenn etwas wahr ist, dann das, daß ein heute erschienenes Blatt, kein sozialdemokratisches, als bestes Denkmal der Märzrevolution das Gebäude des Deutschen Reichstages darstellt.

(Lachen und große Unruhe rechts, Zustimmung links.)

Das steht hier als Verwirklichung der Gedanken und Ideen, für die 1848, vor genau 50 Jahren, in diesen Stunden das sogenannte „Gesindel" auf den Barrikaden Berlins gekämpft hat.

(Stürmische Zustimmung bei den Sozialdemokraten.)

Das „Gesindel" soll Ihnen noch eingetränkt werden, das werden wir Ihnen nicht vergessen. Es ist eine Infamie sondergleichen, die Männer, die damals ihr Leben in die Schanze schlugen und für ihre Ideale kämpften, in solcher Weise zu beschimpfen.

(Großer Lärm rechts, lebhafte Zustimmung links),

Ich wiederhole: es war eine Infamie, diese Männer „Gesindel" zu nennen.

(Lebhafter Beifall links, großer Lärm rechts. Glocke des Präsidenten. Ordnungsruf.)

Schreien Sie nur, so viel Sie wollen! Sie sagen, es sei „Gesindel" gewesen. Haben Sie die Liste der Männer gelesen, die damals in der Nacht vom 17. auf den 18. März von der Soldateska niedergemetzelt wurden? Haben Sie die Namen dieser Männer gelesen? Hier stehen sie, hier ist die Liste in meinen Händen, kein einziger fremder Name unter den Namen der 185 Leichen, deren Blut mit dem vieler Hunderte Verwundeter das Straßenpflaster Berlins in jener Nacht rötete.

(Stürmischer Beifall links, heftige Unterbrechung rechts.)

Kein einziger Ausländer, kein Franzose, kein sogenannter Pole!

(Lärm rechts.)

Pfui Teufel! meine Herren da drüben, daß Sie angesichts dieser historischen Tatsache die Dreistigkeit haben

(Großer Lärm rechts, lebhafte Zustimmung links.)

da von „Gesindel" zu sprechen! Die Männer haben im Jahre 1848 getan, was Sie 1870 getan zu haben vorgeben und sich dessen heute rühmen. Wäre 1848 geworden, was die damaligen Kämpfer des Volkes aus ihm machen wollten, dann war 1870 unnötig, dann wäre das Deutsche Reich in ganz anderer Macht und Herrlichkeit als heute schon damals gegründet worden

(Stürmischer Beifall links, heftige Unterbrechungen rechts),

dann wäre es niemals möglich gewesen, daß ein Bonaparte einen Krieg mit Deutschland anzufangen hätte Gelegenheit gehabt.

(Große Unruhe rechts, lebhaftes Sehr richtig! links.)

Nicht mehr der Vertreter einer einzelnen Partei, der Anwalt der Freiheit schlechthin sprach so zu den Massen, aus denen ihm millionenfache Zustimmung wiederklang. Und wie er hier als Anwalt der Freiheit stand, so galt er Unzähligen im deutschen Lande als Anwalt der Menschheit. Begreiflich, daß ihn der Jubel der Arbeiter schrankenlos umbrauste, wohin er immer kam. Als Göhre zu Beginn der neunziger Jahre in einer Chemnitzer Maschinenfabrik arbeitete, wurde ihm mehr als einmal naiv bedeutet: „Was bis jetzt Jesus Christus war, wird einst Bebel und Liebknecht sein.“ Aber weit über diese Kreise hinaus umschloß der Name August Bebel einen Trost und eine Hoffnung für alle, die mühselig und beladen waren. Auch in den Hütten, in die noch nicht der Lichtschein des Sozialismus gefallen war, leuchteten die Blicke auf, wenn der Name erklang, denn hier war einer, der sich, wo er konnte, der Armen und Unterdrückten annahm, der ohne Rücksicht den Mächtigen der Erde die Wahrheit sagte und der auch mit dem höchsten Manne des Reichs ein Hühnchen zu pflücken sich unterstand. Für sie alle war Bebels Stimme die Stimme der Gerechtigkeit, die sonst nicht zu Wort kam auf dieser ungerechten Welt. Für sie alle, mit denen das Schicksal Schindluder getrieben und denen das Leben in tausend Fällen Unrecht getan, war er die letzte Instanz. Aus allen Teilen der Welt flogen die Wünsche und Bitten zu ihm. Von dem armen Mütterchen, das seinen Sohn von den Soldaten befreit wissen wollte, bis zu dem Weltverbesserer, der eine neue Gesellschaftsordnung fix und fertig in der Tasche trug, wandten sich alle an ihn. Wo der Appell an keine irdische, an keine himmlische Macht mehr verfing, da sollte er noch helfen. Nie war ein Mann volkstümlicher als August Bebel.

Aber der umjubelte Volksführer behielt die schlichte Bescheidenheit des unbekannten Drechslergesellen von einst. Ein nicht zu überbrückender Abgrund klaffte zwischen dem einfachen Wesen dieses Mannes, dem Millionen willig folgten, und der pfauenhaften Gespreiztheit so manches bürgerlichen Parteihäuptlings, der nichts hinter sich hatte als seine eigene Hohlheit. Nur zu verjüngen schien ihn der tägliche Kampf und die allgemeine Verehrung. Was er dem bald siebzigjährigen Friedrich Engels geschrieben: „Wir beiden sind die einzig Jungen in der Partei!“, durfte er noch immer mit Fug und Recht auf sich anwenden, und auch als das Jahr 1900 Wilhelm Liebknecht, den treuen Freund und Gefährten durch Jahrzehnte, hinwegraffte, war das für Bebel so wenig eine Mahnung eigenen Alterns, wie der Schnee, der sich auf sein Haupt immer dichter niedersenkte. In seines Lebens siebentes Jahrzehnt und in das neue Jahrhundert trat dieser unermüdliche Kämpfer mit so frischen Sinnen und so hellen Augen wie nur je.

VI.

Die Jahre der Erfüllung.

Mit dem zwanzigsten Jahrhundert begann auch für die deutsche Bourgeoisie das Zeitalter der großen Weltpolitik, nachdem schon in den letzten Jahren des alten Säkulums die Besetzung von Kiautschou und erhebliche Flottenforderungen den Weg gewiesen hatten. Jetzt stieß sich diese Klasse endgültig die Pforten zur Weltpolitik auf und spähte, imperialistischen Eroberungsdranges voll, auf dem Erdball nach Raubgelegenheit aus. Wilhelm II. proklamierte sich selbst, in Wort und Tat, zum Imperator der Weltpolitik, und wie der Herr, so's Geschirr. Wenn der Kaiser den Dreizack für die deutsche Faust heischte, so schwärmte der Kanzler Bülow von den erstrebenswerten Plätzen an der Sonne. Als gar Herrn Dernburgs blühende Phantasie in den Dienst der Sache gestellt wurde, haschte gierig auch das verkrachende Kleinbürgertum nach den taubeneigroßen Diamanten, die des neuen Mannes Märchenerzählertalent aus dem dürren Sande Südwestafrikas hervorzauberte, und folgte bei den Hottentottenwahlen 1907 nur zu willig der Losung gegen die Sozialdemokratie. Aber der Marsch der Weltpolitik ging unter immer schwereren Erschütterungen vonstatten. Der Rachefeldzug nach China schloß sich der blutige Krieg gegen die Hereros an, und kaum hatte Marokko die Gefahr eines unheilvollen Zusammenstoßes zwischen Deutschland und Frankreich heraufbeschworen, so sah sich die deutsche Regierung in die weltpolitischen Strudel hineingerissen, die der Untergang der europäischen Türkei durch den Balkankrieg nach sich zog. Und jeder neue Schritt auf der neuen Bahn forderte neue Regimenter, neue Geschütze, neue Panzerschiffe, so daß eine wahnsinnig drückende Eisenrüstung dem deutschen Volk schließlich den Atem abschnürte.

Die Widerstrahlung der Weltpolitik auf die innere Politik ergab eine fast tägliche Verschärfung der Klassengegensätze und Klassenkämpfe. Alles geschriebene und ungeschriebene Recht über den Haufen trampelnd, füllten sich in den Zolltarifkämpfen von 1902 die Junker die Kompottschüssel bis zum Ueberlaufen, in der Großindustrie suchten die Unternehmerverbände durch früher nie geahnte Massenaussperrungen die Gewerkschaften zum Weißbluten zu bringen, und da die russische Revolution einen stürmischeren Rhythmus auch in die deutsche Arbeiterbewegung hineintrug und die Straßendemonstrationen für das gleiche Wahlrecht in Preußen den entsetzten Spießbürger hinter den dreifachen Wall der Infanterie, Kavallerie und Artillerie scheuchten, unterstrich Wilhelm II. immer kräftiger das Gottesgnadentum seiner Krone, und immer ungezügelter schrien die Junker nach dem Leutnant mit zehn Mann, der den Reichstag mit dem Appell an die Kolben auseinanderzusprengen hatte.

Auch die innere Entwickelung der Partei schritt unter heftigen Kämpfen voran. Der Wahlsieg des Jahres 1903, der drei Millionen Stimmen der Sozialdemokratie zuströmen ließ und die Zahl ihrer Abgeordneten auf einundachtzig erhöhte, belebte mit der Aufrollung der Vizepräsidentenfrage die Hoffnung auf eine Aenderung der Taktik und die Wünsche nach einer größeren Anpassung an die bestehende Gesellschaft aufs neue. Als sich dann 1907 die Liberalen, militär-, marine- und kolonialfromm wie nur eine Partei, mit den Konservativen zu einer wilden Ehe verbanden und täglich Volksfreiheit und Volksrecht dreimal verrieten, ehe noch ein Hahn danach krähte, ging das Vertrauen einzelner Sozialdemokraten auf die liberale Mannhaftigkeit in die Brüche. Aber noch entfesselte die mildere Stellung der Süddeutschen zu ihren milderen Regierungen mit der Budgetbewilligung Stürme in der Partei, bis auch hier der „einzig orthodoxe Marxist", die Entwickelung der Dinge, auf die Dauer der Haltung Bebels recht gab.

Mit dem leidenschaftlichen Ungestüm eines Jünglings stand der Fünfundsechzigjährige, stand der Siebzigjährige im Vorderkampf auch bei den Parteikämpfen. Immer blieb er sich gleich: jede Handbreit praktischer Arbeit und praktischen

Erfolges war ihm wert, aber wie ein gereizter Löwe richtete er sich auf, wenn er das Prinzip des unverfälschten Klassenkampfes bedroht glaubte. An den Grundfesten der Partei schien ihm zu schütteln, wer von einer Milderung der Klassengegensätze faselte und von einem langsamen Hineinwachsen in die sozialistische Gesellschaft träumte, und dann wurde Bebel höhnisch, hitzig und hart. Auch er war eins mit Liebknechts Meinung, daß man unter veränderten Umständen vierundzwanzigmal in vierundzwanzig Stunden die Taktik ändern müsse, aber noch tiefer durchdrungen von dem Bewußtsein, daß keines von diesen vierundzwanzig Malen den Grundsätzen widersprechen dürfe. Auf diesen unverrückbaren Grundsätzen erhob sich, ganz aus dem Herzen der unterdrückten und hungernden Massen heraus geschöpft, sein stolzes Bekenntnis: „Ich will der Todfeind dieser bürgerlichen Gesellschaft und dieser Staatsordnung bleiben, um sie in ihren Existenzbedingungen zu untergraben und sie, wenn ich kann, beseitigen." Daß keiner wie er mit den Massen in Fühlung stand, daß diese stete Fühlung die Quelle seiner Kraft war, wußte er genau, und ganz und gar aufrichtig meinte er in einem Sinne, die Führer führten nicht, sondern weit mehr würden sie oft von den Massen geschoben, und ebenso impfte er immer wieder der Masse die demokratische Tugend des Mißtrauens gegen die Führer ein. Sein Gefühl deckte sich auch wie stets mit dem Gefühl der proletarischen Massen, als er, nicht nur vom parteipolitischen, sondern auch vom sittlichen Standpunkt aus in der Hofgängerei zu einem Manne, dessen jüngste Reden der Sozialdemokratie noch wie Ohrfeigen im Gesicht brannten, die beschämendste Würdelosigkeit sah. Nicht minder bäumte sich sein Reinlichkeitsgefühl auf über der Mitarbeit von Parteigenossen an einem üblen Sensationsblatt, das für die Sozialdemokratie nur die schmutzigsten Anwürfe übrig hatte, und nicht minder schüttelte ihn der Ekel, wenn die Müllkästen der Vergangenheit umgestülpt wurden, um aus alten Lumpen Beweisstücke gegen einen verdienten Parteigenossen herauszufischen. Kein Mann in den Massen, der nicht all das in seines Herzens Tiefen mitempfand.

So war es auch, als ihn das Gefühl für die Ehre der Arbeiterklasse in der Frage des Massenstreiks beschwingte: „Schließlich gibt es auch einen Punkt, wo man nicht mehr nach dem Schaden fragen darf. Schiller sagt: Nichtswürdig ist die Nation, die nicht ihr alles freudig setzt an ihre Ehre. Ja, nichtswürdig, erbärmlich ist aber auch die Arbeiterklasse, die sich wie Hundsfötter behandeln ließe, die ihren Bedrängern nicht die Spitze zu bieten wagte. Da ist Rußland, da ist die Junischlacht, da ist die Kommune! Bei den Manen dieser Märtyrer solltet Ihr nicht einmal ein paar Wochen hungern, um Eure höchsten Menschenrechte zu verteidigen!" Aber auch hier baute sein scharfer Verstand dem mächtigen Gefühl Dämme entgegen. Wenn es einmal galt, dann alles an alles gesetzt, und kein Zweifel, daß der Tag, der die Entscheidung Mann gegen Mann brachte, Bebel nicht in der Arrieregarde, sondern in der Avantgarde fand. Aber nichts war ihm dabei törichter als der Glaube, den Massenstreik müsse man über Nacht vom Zaune brechen, nichts gefährlicher als die Meinung, seine Fahne könne man beim Kriegsausbruch entfalten, nichts verderblicher als der Wahn, mit dem Generalstreik lasse sich die Welt aus den Angeln heben. Und als unter dem Einfluß der Straßenkämpfe in Petersburg und Moskau auf dem Essener Parteitag hier und da allzu viel von Blut und Barrikaden die Rede war, kühlte er, der in bürgerlichen Kreisen als Revolutionsromantiker verschrien wurde, überhitzte Köpfe mit dem hübschen Scherz ab: „Als ich das alles hörte, habe ich ein paarmal unwillkürlich auf meine Stiefelspitzen gesehen, ob diese nicht bereits im Blute wateten."

Den Friedebergschen Anarchosozialisten, die den Parlamentarismus in Bausch und Bogen verdammten, wehrte Bebel ebenso ab wie den süddeutschen Budgetbewilligern, die im Parlamentarismus den Schlüssel zur politischen Macht sahen. Vier Jahrzehnte saß er jetzt auf den Bänken einer parlamentarischen Körperschaft und war, seit er mit Liebknecht um das „Parlamenteln" stritt, seiner Stellung treu geblieben. Die bürgerlichen Herrschaften rissen zwar vor Erstaunen und Entrüstung Mund und Nase auf, wenn er ihnen im Dezember 1904 vorhielt:

„Wir reden nicht Ihretwegen hier, denn an Ihnen ist Hopfen und Malz verloren

(Zurufe. Heiterkeit),

sondern wir reden wegen der Massen draußen

(Lebhafte Rufe: Hört! hört!),

wegen der Millionen, die uns und Sie hierher geschickt haben. Die da draußen können wir noch aufklären, die können wir noch gewinnen, denen wollen wir sagen, wie wir denken, im Gegensatz zu Ihnen."

(Bewegung rechts und in der Mitte.)

Aber den Standpunkt hatte die Partei seit je eingenommen, und seit je hatte Bebel vor jener Ueberschätzung der sogenannten positiven Arbeit gewarnt, der es um den Gewinst von ein paar Vorteilen auf den Verlust von ein paar Grundsätzen nicht ankam. Eine scharf negierende Kritik nannte er oft die beste positive Arbeit, war es doch eine Wirkung der viel verlästerten Negation, daß Wissenschaft, Staatsmänner und Parlamentarier ihre alten Anschauungen über die Stellung des Staates zu Kapital und Arbeit allmählich umgekrempelt hatten. Darum Negation hin, Negation her — in der ganzen Welt hatte keine Sozialdemokratie so viel Positives geleistet und errungen wie die deutsche Arbeiterpartei, und mit gerechtem Stolz durfte Bebel darauf hinweisen, daß von allen er, „der Mann der Negation", die meisten sozialpolitischen Gesetzentwürfe ausgearbeitet hatte.

Auf den internationalen Kongressen, die keinem so wie ihm durch jubelnden Zuruf zu verstehen gaben, daß er nicht Deutschland allein, sondern der ganzen Welt gehöre, operierte Bebel ebenso auf der geraden Linie einer zielklaren, überlegenen und entschlossenen Klassenkampfpolitik. Als es ihm in Amsterdam 1904 gelang, die Internationale auf die revolutionäre Entschließung von Dresden festzulegen, wandte er sich von der liebäugelnden Bündnispolitik, die Jaurès mit bürgerlichen Parteien betrieb, ebenso entschieden ab wie von dem verworrenen Putschismus, von dem Hervé das Heil der Zukunft erhoffte. Auch offenbarte der ergraute Revolutionär und Republikaner seinen gesunden Menschenverstand, den kein äußerer Schein verblüffen konnte, indem er auf Angriffe der Franzosen eine Bourgeoisrepublik wie die französische keineswegs für die beste und ein konstitutionelles Königtum wie das englische nicht für die schlechteste Staatsform erklärte. Allerdings, fügte er hinzu, wenn Deutschland unter ähnlichen Zuständen und inneren Verhältnissen zu einer Republik käme wie Frankreich 1870, so wäre das noch lange nicht das Schlimmste, was uns passieren könnte.

Weil in Bebel nichts so lebendig war wie der glühende Wille, die Partei auf Grund seiner jahrzehntelangen Erfahrungen vor Verwirrung zu bewahren und vor falschen Wegen zu warnen, stürzte er sich mit aller Entschiedenheit in diese inneren Debatten und warf das Gewicht seines Ansehens oft mit einer Wucht in die Wagschale, daß ihm aus den eigenen Reihen der Vorwurf der Diktatur entgegengeschleudert wurde. Aber der demokratischste aller Politiker war alles andere als ein Diktator, sondern, wo er diesen Schein erweckte, trieb ihn nur der stürmische Drang starker Persönlichkeiten, sich in dem durchzusetzen, was sie für recht erkannt. Um die geschlossene Kampffront der Partei ging es ihm, und ihr zuliebe war ihm die vorgespiegelte Einigkeit ebenso verhaßt wie die Sucht, vorhandene Gegensätze zu verkleistern und zu vertuschen. Aussprechen, was ist, Klärung schaffen, reinen Tisch machen — das tat vor allem not und deshalb griff er kräftig zu. Aber bei aller Leidenschaftlichkeit seines Temperaments, dem die kleinlichen Gesichtspunkte, die Engherzigkeit, die Schüchternheit, das ewige Beruhigen, Temporisieren, Diplomatisieren, Kompromisseln ein Scheuel und ein Greuel waren, schoß er in seiner Kritik an Parteigenossen doch nie in häßlicher Art über das Ziel hinaus. Wo andere in der Erregung über Parteiverrat schrien, erkannte er den guten Willen auch der Fehlenden an, und wenn auf dem Magdeburger Parteitag Frank durch Bebels Rede gegen die Budgetbewilliger an den Vers aus Rückerts Weisheit des Brahminen erinnert wurde:

„Was soll ein Vater tun, wenn ihm ein Sohn mißraten?
Der Täter bleibt ihm lieb, so leid ihm sind die Taten",

so entsprang diese vornehme Art der Kritik an Kampfgefährten nicht der abgeklärten Ruhe vollendeter sieben Jahrzehnte, sondern dem innersten Wesen des großen Führers, den die Liebe zur Partei noch immer in alle Erörterungen und Streitigkeiten hineinzog, obwohl die Aerzte ihn wegen seines Herzleidens stets dringender abmahnten. Den Siebzigjährigen beseelte noch das unerschütterliche Pflichtgefühl, das dem Dreißigjährigen keinen Augenblick Rast gegönnt hatte.

Niemandem wäre es in den Sinn gekommen, ihn mit Liebknechts Beinamen „der Alte" zu nennen, denn nur dem Geburtsschein nach war Bebel bejahrt. So lange Waffen klirrten in der Welt, fühlte er sich jung. Noch dachte er nicht ans Sterben. Noch wollte er so manches Mal seinen Feinden unangenehm werden, und wenn er jetzt seine Erinnerungen zu schreiben begann, die, ein Denkmal seiner rührenden Bescheidenheit, weit mehr von seiner Partei sprachen als von seiner Person, so tat er das nicht wie andere, in der Ruhe der Muße Rückschau haltend auf ein Leben der Unruhe, sondern dem Kampf stahl er sich die Stunden ab, da er, der Vergangenheit zugekehrt, Seite um Seite mit seinen gerundeten Schriftzügen bedeckte. Wie ihn ein Gemälde William Papes festhielt, das eine Sitzung der Budgetkommission wiedergab, auf der Ecke eines Stuhles sitzend, der Rede eines Ministers lauschend, ganz Spannung, ganz Bereitschaft, sofort aufzuspringen, so war er jede Minute, und des Alten Fritzen Losung: Toujours en vedette! Stets auf Vorposten! galt auch für ihn, da er sich bereits dem biblischen Alter näherte. Allen neuen Erscheinungen in der Partei wandte sich sein wacher Geist zu, und den Bildungsvereinler von einst, der noch jetzt die Parole ausgab: Wir müssen lernen, lernen und abermals lernen! freute nichts mehr als die von ihm lebhaft befürwortete Gründung der Parteischule. Neben der Reichstagsarbeit ließ ihn auch die Agitation nicht ruhen und der Wahlkampf von 1907 riß den Schonungsbedürftigen mitten hinein in anstrengendste Tätigkeit. Gewaltig wie nur je war die Kraft seiner Rede, und der letzte Hörer, der gleichgültigste, wurde in seinen Gefühlstiefen aufgewühlt und gepackt, nicht nur an seinem politischen Nerv, wenn dieser Mann auf der Tribüne stand, das silberne Haar über der Stirn gebäumt wie ein Helmbusch, und wenn seine Worte stoben wie Feuerflocken. Sprach er, so hörte man die eisernen Schwingen klirren, die die Arbeiterklasse zum Siege tragen. Darum war eine Rede Bebels auch ein Ereignis, an Größe und Leuchtkraft mit nichts anderem vergleichbar im grauen Alltag des Proletariers. Sobald sich die Botschaft davon verbreitete, gab es Werkstatt und Wirtschaft kein anderes Gespräch mehr, und am Tage der Versammlung war der Saal viele Stunden vor Beginn bis auf die Fensterbänke und die Oefen hinauf überfüllt. Draußen standen, in Regen oder Winterkälte, Tausende Enttäuschter, die ihren Bebel nicht hören konnten, aber wenigstens sehen wollten, und Wagemutige stiegen wohl, wie einmal in Ehrenfeld, aufs Dach und deckten die Ziegel ab, um durchs leere Gebälk der Versammlung beizuwohnen. Auf dem Lande brachte die Kunde:

Bebel spricht! eine Völkerwanderung auf die Beine, die in langen Fußmärschen, aber auch zu Rad, auf Wagen oder mit der Bahn dem Versammlungsort zuströmte, Und erschien er, der lang Erwartete, so ging es wie ein elektrischer Schlag durch die Menge, sekundenlanges Stillschweigen, und dann brandete ein Meer des Jubels empor, immer wieder, Woge auf Woge. Wenn einer, so durfte er den Satz niederschreiben: „Die Massen sind nie undankbar, so lange sie an die Ehrlichkeit ihrer Führer glauben." Aber auch in bürgerlichen Kreisen, soweit sie der Klassenhaß nicht blind gemacht hatte, brach sich die Achtung für den Vorkämpfer der Sozialdemokratie immer mehr Bahn, und nur einem verbreiteten Urteil lieh der greise Mommsen die Worte: „Jedermann in Deutschland weiß, daß mit einem Kopf wie Bebel ein Dutzend ostelbischer Junker so ausgestattet werden könnte, daß sie unter ihresgleichen glänzen würden." Nebenher lief lächerliche Furcht und lächerlicher Haß. Als in einem Schauspiel, M. d. R. benannt, der Verfasser Heinz Gordon einen sozialdemokratischen Abgeordneten mit dem durchsichtigen Decknamen August Behlert auftreten ließ, mußte bei der Dresdener Erstaufführung auf Befehl des Polizeipräsidiums der staatsgefährdende August in einen staatserhaltenden Adolf umgetauft werden, und in dem Leibblatt aller Scharfmacher, der „Post", entblödete sich eine hysterische Charlotte Corday der Bourgeoisie nicht, dem „alten Sünder" das Schicksal Marats anzudrohen.

Im Reichstag, in dem er seit 1898 wieder den ersten Hamburger Kreis vertrat, focht Bebel nach wie vor in allen Kämpfen in der vordersten Reihe. Die abenteuerlich umhertaumelnde Weltpolitik des Bülowkursus nagelte er an und brandmarkte mit starkem, sittlichem Pathos namentlich jene kolonialen Herrenmenschen vom Schlage eines Peters, die lediglich die Bestie im Menschen ins Freie setzen. Dieser echte Deutsche, dem brennende Scham durchs Herz floß, wenn der deutsche Name durch viehisch prügelnde Unteroffiziere und skrupellos spitzelnde Polizeikommissare in den Schmutz gezogen wurde, drückte mit derselben Unerschrockenheit angesichts tobender „Patrioten" das Mal der Schande jenem wilden Treiben auf, das Deutsche 1900 mit Chinesen und 1904 mit Hereros wie mit wilden Tieren umspringen ließ. Es war wirklich die zürnende Stimme der getretenen und geschändeten Menschlichkeit, die durch seinen Mund kündete:

Daß Karl der Große einstmals bei Verden 5000 gefangene Sachsen abschlachten ließ, wird ihm noch jetzt in der Geschichte als eines der größten Verbrechen angerechnet. Nun, heute schon sind nach allen Angaben nicht nur von Deutschen, sondern von allen dort versammelten Armeen weit mehr als 5000 Chinesen — die Frauen und Kinder nicht eingerechnet — ermordet worden, ohne daß sie mit den Waffen in der Hand gefangen genommen wurden. Es ist ja das reine Treibjagen. Sobald ein Chinese innerhalb eines Militärrayons sich sehen läßt, wird er wie ein Hase, wie ein Stück Wild angeschossen. Das ist ein Zustand, daß, wenn man die Dinge liest, einem das Herz im Leibe erstarrt. Und das schlimmste ist, man fragt sich vergeblich: wo sind all die Lehrer des Christentums, die Hunderttausende von Männern, welche professionsmäßig die christliche Lehre zu verbreiten haben, mit ihrem Protest gegen solche widerchristliche Barbareien?

(Sehr gut! Sehr wahr! bei den Sozialdemokraten.)

Bis heute habe ich noch keinen einzigen gehört. Ist denn immer noch nicht das christliche Rachegefühl gestillt? Sind dem christlichen Gott immer noch nicht Dankopfer genug an Männern, Frauen, Kindern geopfert worden? Sind noch nicht genug Städte und Dörfer niedergebrannt und verwüstet worden? Müssen immer noch mehr zugrunde gerichtet werden? Jetzt steht der Winter vor der Tür; Hunderttausende von Menschen sind des Notwendigsten beraubt, sie irren hungernd auf den Feldern umher. Da werden Tausende und aber Tausende erbarmungslos zugrunde gehen. Und all das infolge eines mörderischen Rachezugs, ausgeübt im Namen des Christentums.

(Bewegung. Hört! hört! bei den Sozialdemokraten.)

Wie ihm in der inneren Politik die Vertretung sozialer Forderungen, die Behandlung militärischer Fragen und immer wieder der Kampf gegen Soldatenmißhandlungen geläufig blieb, so ging er auch streng mit dem Lebensmittelwucher ins Gericht, den die hochschutzzöllnerische Mehrheit des Reichstags immer schamloser zugunsten ihrer Taschen betrieb. Einem ostelbischen Junker war es dabei vorbehalten, durch den Trumpf krassester Gemütsroheit die Wirkung einer Bebelschen Rede drastisch zu unterstreichen. Unter der größten Aufmerksamkeit des Reichstages führte Bebel am 5. Dezember 1901 in einer Erörterung über die Lebensmittelteuerung aus:

Das Ergreifendste aber, was es auf diesem Gebiete geben kann, was mich gewaltig packte, ist folgendes: In dem „Kölner Lokalanzeiger“ vom Februar d. J. ist gemeldet, daß ein Schulknabe starb, und der Lehrer teilte dies den Mitschülern mit, indem er sagte: „Nun ist der kleine H. im Himmel; möchte einer von euch auch im Himmel sein?“ Unter den Kindern, die vortraten, befand sich auch ein kleiner Knabe, der dem Lehrer schon lange wegen seines schlechten Aussehens aufgefallen war; ihn fragte der Lehrer, warum er denn im Himmel sein möchte — der Knabe antwortete: „Weil ich dann nicht mehr hungern werde!“ Man bedenke — ein Kind, das das Leben und dessen Hoffnungen noch vor sich hat, wünscht sich in den Himmel, um nicht hungern zu müssen!

als jäh in die ergriffene Stille des Hauses der Graf Arnim hineinschnarrte: „Der Vater wird wohl das janze Jeld versoffen haben!“ Mit dieser Krautjunkerrasse ging denn Bebel nicht sänftiglich um, als sie in edler Brüderschaft mit den Schlotjunkern im Dezember 1902 die Geschäftsordnung brutal vergewaltigten und ihr zollpolitisches Plünderungswerk hohnlachend vollendeten. Den Antrag Kardorff, der die Geschäftsordnung meuchelte, nannte er ein Denkmal von unserer Zeiten Schande, verglich den Reichstag mit dem römischen Senat, als ein Caligula und ein Nero in Rom zu diktieren hatten, und sagte den Volksfeinden ein Volksgericht von unerhörter Wucht voraus. Den Helfershelfer der verfassungsbrüchigen Mehrheit aber, Eugen Richter, schob er mit einer verächtlichen Handbewegung beiseite; dieser Freisinnsmann, so erledigte er ihn, sei von der Reaktion moralisch zu Tode gelobt worden. Nicht minder eindrucksvoll hielt er im Januar 1903 Abrechnung mit dem persönlichen Regiment, von dem er jede Rede auf 100 000 Stimmen Gewinn für die Sozialdemokratie einschätzte, und strafte den Kronprinzen kräftig ab, der, in des Vaters Fußtapfen wandelnd, die größte Partei des Reiches als „Elende“ beschimpft hatte. „Ja, was hat denn,“ fragte Bebel unter stürmischem Beifall und großer Heiterkeit der Linken, „dieser junge Herr eigentlich für Verdienste, daß er sich überhaupt herausnehmen kann, in diesem Tone von der deutschen Sozialdemokratie zu sprechen?“ Als dann 1903 das Volksgericht über die Ausplünderer der Massen hereinbrach, wirrte der Dreimillionensieg so wenig den Gleichmut seiner Seele wie der Januartag des Jahres 1907, der breite Lücken in die sozialdemokratische Reichstagsfraktion hereinriß. Den vom süßen Sekt des Erfolges trunkenen Blockbrüdern von 1907 bot er kühl und kühn in seiner großen Etatsrede die Stirn und so gläubig, so unverzagt wie immer klang seiner

Worte Schluß ins Land hinaus: „Für uns heißt es: vorwärts auf allen Gebieten ohne Ruh und Rast! und darum: unser die Zukunft trotz alledem und alledem!"

Dieser nie welkende Glaube sollte nicht trügen, denn wenn sich in diesem Leben überhaupt die Grenze ziehen läßt zwischen Jahren des Kampfes und Jahren der Erfüllung, so kamen jetzt die Jahre der Erfüllung. Jeder neue Monat führte neue Tausende in die sozialdemokratischen Organisationen, und wie nie waren die proletarischen Massen in stürmischer Bewegung und in unaufhaltsamem Vormarsch. Bei den bürgerlichen Parteien aber war längst auf den großen Siegesrausch der große Katzenjammer gefolgt, denn als am 22. Februar 1910 die roten Nelken zum siebzigsten Geburtstag auf August Bebels Tisch flammten, konnten sich die eroberten Feldzeichen einer ganzen Reihe von Wahlkreisen zu diesem Ehrentag neigen. Millionen und aber Millionen in Deutschland feierten diesen Tag mit, wie nie eines Herrschers Geburtstag gefeiert worden ist. Als einen der ihren grüßten ihn diese Millionen, denn in seltener Vollendung verkörperte sich ihnen in Bebel alles, was als Bestes in dem Wesen der deutschen Arbeiterklasse lebt: der zähe Fleiß und der fortreißende Elan, die kühle Ueberlegung und das revolutionäre Temperament, der glühende Idealismus und der unerschütterliche Glaube an die Zukunft der proletarischen Revolution. Wie kein anderer verkörperte er auch die Ueberlieferung der Partei. Mit der Sozialdemokratie war er groß geworden, und ihre schlechten und guten Tage waren seine schlechten und guten Tage gewesen. Und sie alle hatte er kommen und gehen sehen, die Minister und Kanzler des Reichs, die neben der sozialdemokratischen Bewegung wie Eintagsfliegen wirken: den eisernen Bismarck, der am stählernen Widerstand der Arbeiterklasse wie Glas zersplitterte, den Junkerschreck Caprivi, der den sozialdemokratischen Flammenbrand mit der Feuerspritze löschen wollte, den müden Mann Hohenlohe, der verzagt die Zügel schleifen ließ und den lächelnden Seiltänzer Bülow, der statt der Sozialdemokratie schließlich sich selber totwitzelte — ihnen allen hatte August Bebel gegenübergestanden und ihrer vermorschten Welt seine, die junge proletarische Welt entgegengeworfen. Aber nicht nur das revolutionäre Deutschland dachte dessen an diesem Tage, sondern von überall her auf dem Erdball, wo Arbeitssklaven gebückt gingen im Joch des Kapitalismus und sich stolz aufrichteten im Zeichen des Sozialismus, aus Europa, Asien, Afrika, Amerika und Australien, klang der aufrichtige Wunsch und Gruß zu dem Führer der deutschen Sozialdemokratie. Ob sie gleich in anderen Zungen redeten, sie verstanden ihn doch in der gemeinsamen Sprache des Sozialismus und sie liebten und verehrten ihn als den ihren: nicht Deutschland allein, der ganzen Welt gehörte August Bebel! Als nach der jungtürkischen Revolution der bekannte deutsche Orientalist Martin Hartmann in Saloniki mit den ersten mazedonischen Sozialisten zusammentraf und im Gespräch „Herrn Bebel" erwähnte, ward ihm die stolze Antwort: „Wir kennen keinen Herrn Bebel, wir kennen nur den Genossen Bebel!" Hervé freilich, der aus den Irrgängen seiner putschistischen Auffassung noch nicht herausgefunden hatte, spottete in Amsterdam über den „Kadavergehorsam", den die deutschen Sozialdemokraten ihrem „Kaiser Bebel" erwiesen, und auch der britische Sozialistenführer Hyndman glaubte in dem Verhältnis der deutschen Parteigenossen zu Bebel eine Kleinigkeit Heldenverehrung und Ehrerbietung zu viel zu entdecken, aber bei näherem Zusehen, so gesteht er in seinen Lebenserinnerungen, überzeugte er sich von der Berechtigung dieser verehrenden Anhänglichkeit, und Jean Jaurès feierte zum siebzigsten Geburtstage Bebel als den Mann, dessen ganzes Leben und Schaffen für die Internationale die Lehre eines kraftvollen, mutigen und klugen Idealismus darstelle.

Der Wahlsieg des Jahres 1912 endlich krönte diesen Ehrentag aufs herrlichste. Der einst nur ein kleines Häuflein von Anhängern um sich geschart hatte, blickte jetzt über das unabsehbare Gewimmel von viereinviertel Millionen, deren jedem er etwas von seinem eigenen Zorn, seinem eigenen Idealismus und seinem eigenen Glauben eingehaucht hatte, und an der Spitze von hundertundzehn Sozialdemokraten, als Führer der stärksten Partei, zog er in das Reichsparlament ein, in dem er einst als Einziger eine, wie die Mehrheit wähnte, hoffnungslose Sache verfochten hatte. Der ewige Wolkenkuckucksheimer Naumann, der von seinem Traum, dem Block von Bebel bis Bassermann, nicht lassen konnte, sah schwärmenden Blicks schon den alten Kämpfer die Schritte zum Schloß lenken, und berauschte sich an der Vorstellung: August Bebel und Wilhelm II. Auge in Auge und Hand in Hand, aber der Revolutionär im weißen Haar blieb sich und seiner Vergangenheit treu. Als stärkste Partei hatte die Sozialdemokratie Anspruch auf den Präsidentensitz im Reichstag, doch Zugeständnisse in der Frage würdeloser Hofgängerei gab es nicht. Trotz dieser ablehnenden Haltung vereinigte August Bebel am Tage der Präsidentenwahl hundertsechsundsiebzig Stimmen auf sich. Hundertsechsundsiebzig Abgeordnete hielten ihn für wert und würdig, die Leitung der parlamentarischen Körperschaft zu übernehmen, in der man ihn ehedem verhöhnt und verspottet und fast angespien und geschlagen hatte. Auch dieser Tag des Triumphes zeichnete den Aufstieg eines Menschenlebens, das ganz und gar verknüpft war mit dem Aufstieg der Arbeiterklasse.

Der herbste Kummer des zweiundsiebzigjährigen Bebel war, daß er, auf strengstes Geheiß der Aerzte, im Reichstag nicht mehr so loslegen konnte, wie ihn immer noch das Temperament trieb. Aber als im Herbst 1912 von den Funken, die der Balkanbrand über die Welt sprühen ließ, ganz Europa wie ein Pulverfaß in die Luft gesprengt zu werden drohte und die Internationale ihre Millionen mobil machte, da eilte auch Bebel nach Basel. Die erprobten und bekannten Führer der internationalen Arbeiterbewegung standen hier zusammen, aber nicht den Oesterreicher Adler, der doch beim Kriegsausbruch den Ereignissen zuerst die Stirn zu bieten hatte, nicht den Franzosen Vaillant, zu dem vielhundertstimmig der Ruf: Vive la Commune! hinaufklang, nicht den Engländer Keir Hardie grüßte ein solcher Jubelsturm wie Bebel, als er zu Ende des Kongresses, nur wenige Worte sprechend, auf die Tribüne trat. Und wiederum war Bebel zugegen, als Pfingsten 1913 Abgeordnete des Reichstages und der Kammer sich zu einer deutsch-französischen Verständigungskonferenz in Bern zusammenfanden. Er legte, auch hier stürmisch umjubelt, seine Hand in die des französischen Abgeordneten d'Estournelles de Constant, und wandte sich mit Worten an die Konferenz, die seine letzte Rede vor der Oeffentlichkeit sein sollte:

„Weite Kreise der Nationen stehen unserem Unternehmen noch zweifelnd gegenüber; es hat eine Menge geheimer und mächtiger Feinde, die nur wünschen, daß nichts Ersprießliches zustande kommt. Wir werden alles daransetzen, diese Erwartungen zu zerstören.

(Stürmischer Beifall.)

Wir gehen einen schweren Gang. Aber aller Anfang ist schwer und wo ein Wille ist, da ist ein Weg.

(Sehr gut!)

Den Willen haben wir, weil wir der Ueberzeugung sind, daß Millionen und aber Millionen von Menschen hoffnungsvoll nach Bern blicken und die deutsch-französische Verständigung herbeisehnen.

(Allgemeine Zustimmung.)

Wir vertreten die Wahrheit, die Gerechtigkeit, die Menschlichkeit, den Frieden und die Wohlfahrt der Nationen und vertrauen darauf, daß immer weitere und weitere Kreise auch derjenigen, die uns heute noch spöttelnd gegenüberstehen, eines Tages unsere Ideen annehmen werden. Ich danke noch einmal den Schweizer Freunden, die uns Gelegenheit zu dieser Arbeit gegeben haben. Gehen wir ans Werk, frischauf, vorwärts!"

(Stürmischer, langanhaltender Beifall.)

Auch dieser Tag war ein Tag der Erfüllung für den Politiker, der sein Leben lang an der Verständigung der beiden großen Völker gearbeitet hatte.

Auf Schweizer Boden fiel seine letzte öffentliche Wirksamkeit, auf Schweizer Boden schloß sich auch der Kreis seiner Tage. Wenn Bebel sich auch von den großen Debatten im Parlament fernhalten mußte, an den Sitzungen der sozialdemokratischen Reichstagsfraktion nahm er immer noch regen Anteil. Manchmal wohl zeichneten Krankheit und Alter ihre Spur in seine charakteristischen Züge, aber wer ihn an andern Tagen wieder frisch und lebensprühend sah, mit jugendlicher Schärfe in die Debatten eingreifend, der konnte sich dem Glauben zuwenden, auch der Tod müsse seine Waffen strecken vor dem Kämpfer und Sieger in so viel Schlachten. Keiner jedenfalls, dem er beim Schluß des Reichstags mit einem: „Auf Wiedersehn!" die Hand drückte, dachte daran, daß das Schicksal es anders beschlossen haben könnte. Aber als Bebel, den Zürich jeden Sommer sah, Anfang August in dem Graubündener Kurort Passugg weilte, rebellierte sein krankes Herz allzu heftig, und ab und an streiften die Schatten der nahenden großen Nacht schon seine Stirn. Vor dem Sterben war ihm nicht bang, aber bitter leid tat ihm, daß er seine Lebenserinnerungen, die Quelle der Belehrung für die Partei, unvollendet zurücklassen sollte, und wenn er davon sprach, flog ihn doch wohl wieder die Hoffnung an, er könne noch den

Schlußpunkt unter dieses sein Werk setzen. Auch die kräftige Luft der Berge belebte und erfrischte seinen Sinn; so traf er schon die Vorkehrungen, um sich Mitte September zu dem Parteitag nach Jena zu begeben, doch als am Morgen des 13. August die besorgte Tochter an sein Lager trat, fand sie ihn wie schlafend, aber tot und kalt. In der Nacht war, unbemerkt und sanft, der Tod zu ihm gekommen, kein höhnisch grinsendes Gerippe, das mit der Sense ausholt, sondern der lächelnde Knabe der Griechen, der sacht die Fackel zur Erde kehrt.

Ein Schrei des Schmerzes ging bei der Kunde von diesem Tode durch die Welt. So wenig unerwartet bei der Zahl der Jahre und bei dem Ernst seines Leidens die Botschaft kommen mußte, sie traf doch mit einer Wucht in die Herzen, als hätte nicht ein endlich müdgewordener Streiter sich zur Ruh gestreckt, sondern als hätte ein sinnloses Schicksal ein reiches Leben mitten in der Blüte zerstört. Zu sehr gehörte Bebel den ungezählten Millionen, als daß sie seinen Verlust von heut auf morgen fassen konnten. Zu untrennbar war Bebel mit der Sozialdemokratie verbunden, als daß sie sich plötzlich ohne ihn denken ließ. Zu viel hatte Bebel seinen Freunden und Kampfgefährten bedeutet, als daß sie jäh darauf verzichten sollten, diese hellen Augen zu sehen, diese helle Stimme zu hören. So trauerten in Nord und Süd und Ost und West die Massen im bittersten Schmerz um ihren Führer, und nie flossen mehr und nie aufrichtigere Tränen. Jeder empfand, daß nicht die Partei allein, sondern daß die Menschheit ärmer geworden war an diesem 13. August. Zu hunderten und tausenden kündeten die Telegramme, daß in allen Teilen der Welt die Proletarier den Schmerz der deutschen Arbeiter mitempfanden, und daß deutsche Trauer in Wahrheit internationale Trauer war: wie in Berlin und Hamburg, in Leipzig und Frankfurt fühlte man in Serajewo und Melbourne, in Christiania und Algier, und von den Katorgen Sibiriens wie von den Gestaden des Stillen Ozeans grüßten die Elenden und Unterdrückten zum letztenmal den Kämpfer, der für sie das Schwert geführt vom ersten bis zum letzten Tag.

Auch die bürgerliche Welt stand voller Ehrfurcht vor der Größe und Reinheit dieses Lebens, das jetzt vollendet war, und wenn selbst Junkerblätter den Degen an der Bahre des Mannes senkten, der ihrer Art der grimmste Feind gewesen jede Stunde, so ehrte das sie ebenso sehr wie ihn. Im „Simplicissimus" aber, der einst in boshaft ungerechter Karikatur Bebel und Nikolaus von Rußland als „Zwei Selbstherrscher" nebeneinander gestellt hatte, sang Edgar Steiger:

Ihr Halben und ihr Lauen, kommt heran!
In diesem Grabe ruht ein ganzer Mann.

Maulchristen, betet! Dieser Atheist —
Bestaunt das Wunder! — war ein echter Christ.

Ihr Patrioten, wenn's noch welche gibt,
Wer hat wie er sein Vaterland geliebt?

Staatsmänner lernt, wie einer neuen Welt
Umsonst die Dummheit sich entgegenstellt!

Ihr Generale zieht den Federhut!
Der Marschall Vorwärts watet nicht im Blut.

Gekrönte Häupter, sagt mir, wessen Reich
Auf dieser Erde wohl dem seinen gleich!

Du aber, Menschheit, hebe stolz das Haupt!
Denn, der hier ruht, er hat an dich geglaubt.

Was sterblich war an August Bebel, dem all sein Leben als helle Flamme loderte auf dem Altar der Menschheit, ward am 17. August in Zürich der Flamme übergeben. Die ganze Welt richtete an diesem Sonntag ihren trauernden Blick auf die Schweizer Stadt an dem schönen See, eine Lieblingsstätte Bebels, die jetzt in einen Blumenhain verwandelt war zu seiner letzten Ehre. Während ungezählte Millionen in allen Erdteilen seiner gedachten, gaben ihm Zehntausende das Geleit, und während die Glocken klangen und die schwarzumflorten roten Fahnen sich neigten, riefen die Führer der sozialistischen Internationale dem ihren Abschiedsgruß nach, der ihrer aller Größter und Bester war.

Dem Schmerz der Arbeiterklasse aber verschwistert sich der Stolz, daß dieser Große in seinem Denken und Fühlen, in seinem Wollen und Tun ganz der ihre war, und die Gewißheit, daß über ein solches Leben der Tod keine Macht hat. Für die Arbeiterklasse lebt August Bebel und wird immer leben in dem Waffengeklirr des großen Freiheitskrieges, so wie der Dichter es empfand:

> Sein Herz hat ausgeschlagen?
> Niemals, du enges Wort!
> Es schlägt in allen Tagen
> Laut in den Massen fort.

Und wenn Bebel bei der Feier seines siebzigsten Geburtstags, die ihm die Berliner Arbeiter bereiteten, den heißesten Wunsch seines ewig jungen Herzens aussprach: „Den Tag möchte ich noch erleben, wo ich euch das rote Banner zum Sturm vorantragen kann," sein Geist trägt, mag auch der Leib Asche sein, den Massen das rote Banner voran und, die Millionen unwiderstehlich mitreißend, klingt der letzte Ruf seines Kämpferdaseins in aller Herzen wie eine Sturmglocke:

Frischauf! Vorwärts!